자존감 있는
글쓰기

자존감 있는 글쓰기

초판 1쇄 인쇄 ┃ 2017년 7월 15일
초판 1쇄 발행 ┃ 2017년 7월 25일

지은이 ┃ 조헌주
펴낸이 ┃ 김의수
펴낸곳 ┃ 레몬북스(제396-2011-000158호)
전   화 ┃ 070-8886-8767
팩   스 ┃ (031) 955-1580
이메일 ┃ kus7777@hanmail.net
주   소 ┃ (10881) 경기도 파주시 문발로115 세종출판타운 404호
편   집 ┃ 정승현
기   획 ┃ 남현숙
디자인 ┃ 디자인파코

인생을 바꾸는 글쓰기의 힘

자존감 있는 글쓰기

레몬북스
lemon books

인생을 바꾸고 싶은
당신에게

살아온 대로 생각하지 않고 생각한 대로 인생을 사는 것. 그것 만큼 멋진 인생이 있을까? 원하는 인생을 살기 위해 무단히 노력했던 과정 속에서 한 가지 깨달은 것이 있다면 글쓰기가 인생을 바꿔줄 확실한 도구라는 것이다. 글쓰기는 우리 삶에서 떼려야 뗄 수 없는 분야이다. 그런데 글쓰기에 대해 자신 없어 하는 사람들이 많다. 나 또한 글쓰는 일을 하면서도 내 글에 대한 확신이 없었다. 하지만 글 이라는 것에는 정답이 없다는 것을 알았다. 그저 자신의 색깔대로 써가면 되는 것이다. 잘 쓰려고 하는 부담을 내려놓아야 한다. 그리 고 자신과 만나는 것이 중요하다.

많은 사람들이 좀 더 나은 삶을 살기 위해 자기계발을 하지만 그 어떤 자기계발도 자신을 제대로 알지 못하면 무의미하다. 하지만 글을 쓰는 습관을 들이면 자신과 친해지면서 자신을 바로 알게 된다. 그 습관을 통해 인생의 뿌리가 깊어지고, 어떤 것에도 흔들리지 않는 마음을 갖게 된다. 지난 날의 경험에 비추어 삶을 변하게 할 수 있는 소소한 글쓰기 방법들을 공개하려 한다. 하지만 절대적으로 글쓰는 기술에 관해 알려주는 책은 아니다.

생각해보니 어린 시절부터 나는 꾸준히 글을 써왔다. 하루의 일과를 나열하는 일기에서부터 매월 1일이면 의식처럼 행해지는 다짐의 글. 몇 년 전부터는 매일 감사일기를 쓰고 있다. 그리고 감정이 요동칠 때마다 쓰는 감정일기까지……. 그냥 되는 대로 끄적였다. 이런 글들은 습관처럼 쓰는 것이고, 방송작가라는 직업을 갖고부터는 방송 대본, 뮤지컬 대본, 뮤지컬 가사, 희곡, 홍보 칼럼, 여행 에세이 등의 글들을 써왔다. 성경, 대본, 희곡 필사 등도 해봤다. 글이 써지지 않을 때는 무작정 베껴쓰는 필사가 답이라는 것도 알았다.

그렇게 알게 모르게 많은 글들을 써왔지만, 글을 쓸 수 있다는 사실에 감사하지 못했다. 그런데 어느 순간 글을 쓰면서 벅찬 감격과 행복함을 느꼈다. 감정의 소용돌이를 많이 느꼈는데, 글을 쓰면서 복잡한 감정들이 정리되고 있다는 사실을 알았다. 더 이상 공허감으로 인해 사람들을 의지하지 않게 되었다. 그리고 내 마음에 깊숙히 자리잡고 있던 불안과 두려움의 그림자가 씻겨져 내려갔다. 나 자신을 인격적으로 만나며 나 자신을 사랑하게 되었다. 그리고 무엇보다 오래 전부터 글로 써놓았던 나의 꿈들이 현실이 되었다는 것을 깨달았다. 그렇게 글쓰기의 강력한 힘을 알게 되었다.

글을 쓴다는 것은 굉장히 능동적인 행위이다. 인풋이 있지 않고서야 아웃풋을 낼 수 없다. 하지만 듣기와 읽기 등의 수동적인 행위가 줄 수 없는 또 다른 기쁨을 느끼게 해준다. 글을 쓰다 보면 생각이 정리되고 나아가 인생이 정리된다. 오롯이 자신이 나아갈 방향을 알게 된다. 하얀 백지를 바라보며 커서만 깜박거릴 때도 있지만, 한 자 한 자 쓰다 보면 글은 어떻게든 써진다는 사실이다. 그리고 그 쓰기를 통해 자신감을 갖게 된다. 더 나아가서는 감정을 치유하고 인생의 변화까지 가능하게 한다. 글쓰기의 방법론에 대한 책들은 이미 시중에 많이 나와 있다. 하지만 나는 방송작가를 하면서 느꼈던 경험들을 녹여 나를 변화시켰던, 소소하게 실천할 수 있는 글쓰기의 방법들을 함께 나누고자 한다. 글을 쓰는 직업을 가졌으면서도 그 기쁨을 몰랐던 내가 글을 쓰면서 행복함을 느끼고 인생을 변화시키고 있다. 글쓰기와 함께 한 나의 성장기와도 같은 이 책을 통해서 조금이라도 글쓰기에 대해 친밀함을 가졌으면 한다. 그리고 글쓰기를 통해 치유되고 성장하며, 인생을 변화시키면서 각자 원하는 최고의 삶을 살기를 응원한다. 더불어 이 책이 세상에 나올 수 있게 힘써 주신 분들께 감사를 드리며, 나의 인생에 크게 작게 영향을 주고 기도해주신 모든 분들께 감사드린다.

4장 자존감을 높이는 글쓰기 전략

5장 인생을 바꾸는 강력한 도구, 글쓰기

제 1 장

글쓰기는
어떻게 **삶**을 바꾸는가?

글쓰기는
어떻게 **삶**을 바꾸는가?

자신이 생각하는 대로 인생을 살고 있는 사람이 얼마나 될까? 마음먹은 대로만 흘러가면 좋을 텐데 그렇지 않은 것이 인생이다. 주어진 삶에 순응하며 충실히 살다가도 어느 순간 인생의 변화를 꿈꾸기도 한다. 좀 더 새로운 삶을 살고 싶을 때, 가장 많이 떠올리고 시도하게 되는 것은 무엇일까? 무언가를 배우거나 운동을 하는 일일 것이다.

하지만 이것들도 나를 먼저 아는 내적 변화가 동반되지 않는다면 공허함만 더 커진다. 외적 조건들이 다 채워져 있더라도 '마음'이 공허하면 인생이 바뀌었다고 할 수 없다. 진정한 삶의 변화는 내면으로부터 오기 때문이다. 내면의 변화가 먼저 일어나면 외적인 변화는 자연스럽게 따라온다. 그렇다면 이쯤에서 궁금해진다. 진정 삶의 변화를 위해서 필요한 것은 무엇일까?

스스로 주도적으로 인생을 설계해가면서 삶을 바꾼 사람들을 보면, 꾸준한 '글쓰기'가 그 뒷받침이 되어 있다는 것을 알 수 있다. 나 또한 어렸을 때부터 알게 모르게 꾸준히 글을 써왔다. 그로 인해 남의 말에 좌지우지하지 않고 인생을 주도적으로 살 수 있었다. 글을 쓰면서 나 자신이 누구인지 내 가슴을 뛰게 하는 것이 무엇인지 알게 되었고, 그것에 대해 꿈꿀 수 있었으며, 그 꿈을 이룰 수 있었다. 꿈에 도달했다는 기준이 그리 거창한 것은 아닐 지라도 말이다.

적어도 나는 내가 원하는 것들을 하며 살아왔다고 말할 수 있다. 그래서 '말의 힘'보다 '글의 힘'을 더 믿는다. 말은 뱉으면 공기 중에 흩어지지만 글은 영원히 남기 때문이다. 그리고 나를 지켜보며 강력한 파워를 행사하기 때문이다. 내가 써 놓은 글들을 잊고 살아가고 있을 때조차도 그랬다. 이것이 바로 하루라도 글을 쓰지 않으면 안 되는 이유가 되었다.

어느 날, 청소를 하다가 우연히 10년 전에 종이에 적어 놓은 글을 발견했다. 당시에 나의 버킷리스트를 써 놓은 것이다.

- 뮤지컬 작가, 배우 되기, 아카데미 운영
- 유럽이나 미국, 내가 원하는 곳에서 1년 살아보기
- 플랜 아동 후원하기
- 게스트 하우스 운영해보기

생각하면 가슴이 뛰는 일, 해 보고 싶은 일, 굳이 하지 않아도 누가 뭐라 하지 않는 일, 과연 이뤄질까 반신반의하며 적었던 나의 '꿈 목록'이었다. 그리고 그것을 삶의 저편으로 간직했었다.

신기한 것은 10년이 지난 지금, 저 목록들을 비슷하게나마 이루었다는 사실이다. 현실적으로 이루기 힘든 일일 수도 있었다. 하지만 모든 것이 이루어졌고, 그 사실에 나도 모르게 소름이 돋았다. 매일 꺼내 보지도 않았다. 그저 내가 바라고 썼던 '짧은 글'이었을 뿐이다. 갑자기 이런 생각이 들었다.

'짧게 써 놓은 글도 이렇게 이뤄지는데 하물며 매일 쓰는 글쓰기는 인생에서 얼마나 많은 것을 선사해줄까?'

그래서 실천했던 것이 매 달 1일에 나의 다짐과 계획을 쓰는 일이다. 그래서 친구들은 나를 '다짐의 여왕'이라고 부른다. 매 달 1일이 되면 호흡을 가다듬고 새로운 내가 되기 위해 계획을 세운다. 지난 한 달 동안 꾸준히 하겠다고 정해 놓고 지키지 못한 것들을 다시 수면 위로 올려 점검한다. 1이라는 숫자가 새로 시작할 수 있는 힘을 준다. 다짐과 계획들을 글로 적어 놓는다. 물론 작심삼일이 될 때가 많다. 하지만 누가 그랬다. 작심삼일도 꾸준히 하면 영향력을 발휘한다고. 그 힘으로 매 달 1일 다짐을 하다가 지금은 매일매일 내가 소망하는 것들에 대해 글로 적는다. 그렇게 매일 새로워질 수 있어서 참 좋다.

헨리에트 앤 클라우는 자신의 저서 《종이 위의 기적, 쓰면 이루어진다》에서 이렇게 말하고 있다.

기록을 통해 믿음을 그려보는 과정 속에는 목표달성을 방해하는 문제들이 지속적으로 생기게 마련이다. 따라서 그러한 방해물들에 굴복하는 과정과 이를 극복하기 위해 노력하는 과정이 반복해서 일어나게 된다.

믿음은 보이지 않는 것의 실상이라고 한다. 자신의 소망과 바람에 대한 글을 쓰는 것은 믿음을 그리는 과정이다. 그것들은 나의 잠재의식에 각인이 된다. 한번 글을 써 놓고 잊어버릴지 몰라도 잠재의식에 저장되어 그것을 향해 행동하게 된다. 비록 목표 달성을 방해하는 문제들이 생겨도 극복하기 위해 노력하게 되는 것이다. 그리고 어느 순간 그 목표에 도달해 있는 자신을 보게 된다.

스스로 바라는 것들을 글로 써서 앞으로의 삶을 바꿀 수도 있지만, 지금 당장 가지고 있는 문제나 감정들을 글로 씀으로 인해 해결되는 경우도 있다. 보통 나는 어떤 '선택' 앞에서 어려움을 겪는 편이다. 그럴 때마다 잠잠히 나의 내면을 바라보는 글을 쓴다.

예를 들어, 일을 계속해야 할지 그만둬야 할지, 어떤 장소로 여행을 갈지 등의 많은 일들 앞에서 굳이 결론을 내려하지 않고 떠오르는 대로 글을 써 본다. 그러다 보면 49:51로 마음이 기우는 쪽을 발견할 수 있다. 1이라도 좀 더 마음이 기우는 쪽을 존중하고, 그때는 과감하게 선택하고 뒤돌아보지 않고 앞으로 나아간다. 과거는 현재를 비추는 거울이 되고, 현재는 미래로 가기 위한 배움이자 발판이 된다. 과거에 대해 후회하지 않고 그냥 인정하며 앞으로의 일들에 초점을 맞춰 살아가게 된다. 인생이 바뀌지 않을 수 없는 것이다. 사는 대로 인생을 생각하는 것이 아니라 생각한 대로의 인생을 살게 된다. 그래서 나는 작은 수첩과 펜을 항상 가지고 다닌다.

생각해 보면 참 신기하다. 글을 쓴다는 것은 어쩌면 굉장히 지루한 작업이다. 그런데 그 묘미를 아는 사람들은 글쓰기로 삶을 변화시키고 있다. 종이와 펜으로만 하는, 때로는 노트북이나 전자기기로 하기도 하는 단순한 작업인 데도 말이다. 하지만 그 안에서는 내가 생각하고 상상하는 이상의 일들이 가능하다. 그래서 글쓰기의 재미를 아는 사람들은 혼자 있어도 외로울 틈이 없다. 인생이 지루할 틈이 없다.

우리는 살면서 인생의 전환점을 맞이할 때가 있다. 변화는 아주 미세한 실천이 모여 이루어진다. 변화를 기대하는가? 지금 당장 내가 실천할 수 있는 '글쓰기'부터 실천해 보도록 하자. 글쓰기는 거창한 게 아니다. 그저 내가 말하고 싶은 것, 생각하는 것들을 꺼내놓고 눈으로 보이게 만드는 작업이다.

오늘 내가 한 줄을 적으면, 1년이면 365줄이 된다. 두 줄을 적으면 그 배가 될 테고……. 그렇게 쌓인 글은 당신의 삶을 바꾸기에 충분하다. 고이 간직하고 있던 나의 꿈, 내가 바라는 나의 모습, 주변의 감사한 일들에 대해 글을 쓰는 것이다. 사람마다 자신의 색깔이 다르듯, 자신의 스타일대로 어떤 형식에도 얽매이지 말자.

나는 매일 다짐하는 글을 쓴다. 하지만 이 글을 읽는 당신은 다짐할 것도 없다. 그저 노트와 펜을 준비해서 오늘 있었던 일, 느꼈던 감정, 앞으로 바라는 일을 써내려가 보자. 내일도 아닌, 다음도 아닌 '바로 지금'이 글쓰기로 삶을 바꿀 최적의 시간이니까.

첫 직장
라디오 방송국에 **출근**하던 날

"군인이 전쟁 나갈 때 총을 안가지고 가면 어떻게 되니?
작가가 집에 컴퓨터가 없다는 게 말이 되니?"

대학을 졸업하기도 전에 취직한 라디오 방송국이다. 부푼 꿈을 안고 간 그곳에서 나는 메인 작가 언니의 일침을 들어야만 했다. 당시 나이 20세. 주변 상황을 볼 때, 사회에 나오기에는 아직 어린 나이였다. 하지만 운이 좋게 S사 라디오 프로그램의 막내 작가로 첫 발을 내딛을 수 있었다.

"서울 가면 눈 뜨고도 코 베어 간다더라. 정신 똑바로 차리고 다녀야해."라는 말을 항상 하시던 아버지. 당시 공수부대에서 근무를 하시던 아버지는 막내딸이 서울로 대학을 가는 것도 방송국에서 일을 하게 된 것도 못마땅해 하셨다. 안정적인 것이 최고라며 본인 곁에서 정해주는 인생을 살기 원하셨다.

아버지가 정해준 대학을 나와 평범한 삶을 살고 있는 언니들이 아버지를 설득했다. 그 덕에 나는 서울에서 대학생활을 할 수 있었다. 하지만 '집 떠나면 고생'이라는 말의 의미를 서울 온 지 한 달 만에 온 몸으로 체감할 수 있었다. 학교를 다닐 때는 인천에 있는 친척 집에서 서울까지 통학을 했다. 자취를 하게 해달라고 울고불고할 때는 들은 척도 않으시다가 방송국에 취직했다고 하자 자취를 허락하셔서 나는 이사를 했다.

당시에는 노트북이 보편화되어 있지도 않고 막 이사를 했던 터라 자취방에는 아무것도 없었다. 하나씩 들여놔야지 생각하고 있는데, 난데없이 메인작가 언니에게 가격을 당한 것이다. 개미만한 목소리로 "이사한지 얼마 안 돼서요." 라고 말하긴 했는데, 그런 대답이 프로들 세계에서 통할 리 없었다. 때마침 간 화장실에서 엄마에게 전화가 올 게 뭐람! 엄마의 목소리를 들으니 나도 모르게 눈물이 왈칵 쏟아졌다.

눈물이란 것이 당시에는 잠잠하고 있다가 마음을 건드리는 사소한 것으로부터 시작되어 쏟아지기 마련이다. 무슨 큰일이라도 난 줄 안 엄마는 내 이야기를 듣고 곧장 집에 있는 컴퓨터를 들고 서울로 올라오셨다.

어느 날, 공수부대 군인이란 것에 무한한 자긍심을 가지고 계시던 아버지가 방송국에 출몰을 하셨다. 그것도 군복을 입으시고. 아버지로 말할 것 같으면, 운전면허시험 보러 가시면서 한 쪽 알이 없는 선글라스를 끼고 가신 분이다. 그리고 언니의 대학입학원서를 낼 때는 두 줄로 서 있던 사람들을 갈라 '모세의 기적'을 선보이신 분이다.

당시 대학입학원서를 낼 때는 지금처럼 인터넷으로 할 수 있는 시스템이 아니었다. 직접 원서를 들고 창구에 가서 제출을 해야 하는데, 그 줄이 너무나 길더란다. 아버지는 그날도 군복과 선글라스를 착용하고 두 줄로 서 있는 사람들 사이에서 "비상!"을 외치며 당당히 앞으로 걸어가서 원서를 제출하고 오신 분이다. 그런 분이 막내딸이 출근한다는 방송국이 어떤 곳인가 보고 싶어서 오신 것이다.

아버지의 갑작스런 등장에 나의 긴장감은 최고조에 달했다. 방송국 사람들의 이목은 우리에게 집중되었다. 다행히 화기애애한 분위기 속에서 PD님과 메인 작가님을 만나고 가셨다. 그 이후, 메인 작가님이 나를 대하는 태도가 조금은 부드러워졌다는 것을 확실히 느낄 수 있었다.

유년시절을 시골에서 보낸 나는 TV보다 라디오와 더 친하게 지냈다. 중고등학교 때는 여느 친구들처럼 연예인에 빠져 지내기도 했다. 좋아하던 가수가 라디오 공개방송에 온다고 하면 만사를 제쳐두고 달려갔다. 고등학교 때는 〈별이 빛나는 밤에〉 전화 노래경연대회에서 좋아하는 가수의 랩과 노래를 불러 1등을 하여 상품으로 삐삐를 탄 적도 있다. 지금은 비록 아련한 추억으로 존재하는 물건이긴 하지만……. 나의 이런 열정들이 모여 방송국으로 향하는 기차에 탑승할 수 있지 않았나 싶다.

우리는 초등학교부터 고등학교까지 일률적인 교육을 받고 대학에 가기 위해 과를 정한다. 대부분의 친구가 그때까지만 해도 나아갈 방향을 찾지 못하고 수능 성적에 맞춰 과를 선택하거나 부모님 또는 선생님이 정해주는 길을 간다. 나 역시 그럴 뻔했다.

수능을 보고 대학 원서를 쓰는데, 담임선생님이 안정적인 직업을 가질 수 있는 간호학과에 지원하라고 하셨다. 대부분의 친한 친구는 간호학과에 지원했다. 하지만 이상하게도 내 마음속에서는 알 수 없는 반항심이 올라오기 시작했다. '내가 어떤 마음으로 어떤 삶을 살고 싶은지 묻지도 않고, 왜 무조건 안정적인 직업을 가질 수 있다며 간호학과를 지원하라고 하는 거지?'

어른들이 보편적으로 말하는 안정적이고 편한 인생이 아니라 내가 진정으로 원하는 인생을 살고 싶었다. 그렇다고 무작정 아무 일에나 뛰어들 수는 없는 법. 지피지기면 백전백승이라고 했다. 상대를 알고 나를 알면 백 번을 싸워도 백 번을 이긴다는 말이다. 그러니 무엇보다 '나'를 아는 일이 중요했다.

내가 좋아하는 것들과 내가 하고 싶은 것들은 많았지만 과연 내가 잘할 수 있는 일이 무엇일까를 생각하게 되었다. 나는 어떤 교육이든 '나'를 아는 것에서부터 시작이 되어야 한다고 생각한다. 내가 좋아하는지 잘 모르겠지만 남들보다 조금 잘할 수 있는 것이 있다면 글쓰기였다. 그리고 방송을 좋아했다. 그래서 방송작가의 꿈을 꾸게 되었다.

말은 제주도로 보내고 사람은 서울로 보내랬다고 서울로 대학을 갈 수 있는 방법을 찾기 시작했다. 그 당시만 해도 방송, 연극, 영화 쪽으로 유일무이했던 서울예대를 알게 되었다. 부모님 몰래 원서를 접수하고 시험을 보고 당당히 합격했다. 그리고 졸업 전에 방송국에서 일할 수 있었다.

처음 맡았던 프로그램은 아침 9시 생방송이다. 하나의 프로그램을 만들기 위해서는 많은 사람이 일을 하는데, 대표적으로 PD와 작가가 있다. 작가는 메인, 서브, 막내로 구성된다. 메인 작가는 프로그램의 전체를 보면서 구성을 하고 오프닝과 클로징 멘트를 써서 보내준다. 서브 작가는 스튜디오 대본 등을 쓰면서 현장에서 전반적인 일을 하고, 막내 작가는 자료 조사와 큐시트 등을 담당한다. 이건 어디까지나 내가 맡았던 프로그램의 경우고 프로그램의 성격에 따라서 달라질 수도 있다.

방송을 위한 나의 일과는 오전 7시부터 시작이 된다. 방송국에 도착하면, 메인 작가 언니가 팩스로 보내주는 오프닝 멘트를 받아 큐시트와 함께 대본과 사연을 순서대로 정리한다. MC와 게스트가 왔는지 확인하고, 전화 연결이 있으면 미리 확인을 하고 준비를 해놓는다. 9시면 짜릿한 생방송이 시작된다. 생방송인지라 음악이 잘못 나가는 경우, 마이크를 미처 끄지 않아 광고 중에 MC들의 대화가 나가는 등의 크고 작은 사건 사고들이 간혹 생기기도 한다. 하지만 그게 바로 생방송의 묘미가 아닐까.

두 시간에 걸친 생방이 끝나고 나면, 회의를 거쳐 다음 방송을 준비해놓고 하루 일과가 마무리 된다. 대부분 주말 방송은 녹화 방송으로 이루어지기 때문에 일주일에 두 번은 녹화를 했다.

아침 방송의 오프닝은 청취자들에게 하루의 시작을 알리는 것이기 때문에 굉장히 중요하다. 그 날의 전반적인 이슈를 담고 있어야 하기 때문에 미리 써놓지도 못한다. 그 몇 줄을 위해 메인 작가는 매일 새벽 4시 30분에 일어났다고 한다. 조간신문을 모두 챙겨보고 트렌드를 잃지 않기 위해 잡지를 종류별로 구독하는 것은 말할 것도 없다. 그러한 노력 끝에 청취자의 마음을 사로잡는 멘트가 완성되고 방송이 만들어지는 것이다.

방송 일을 하면서 느꼈던 최대의 장점은 평소 TV로만 보던 유명한 사람들을 직접 만나고 대화할 수 있다는 점이다. 라디오 방송을 하면서 만났던 게스트 가운데 가장 기억에 남는 분은 《바람의 딸, 지구 걸어서 세 바퀴 반》시리즈의 저자 한비야다. 그때 막 중국 유학을 마치고 한국에 와서 출연했는데, 당당하고 활기찬 아우라에 압도당한 기억이 난다. 세상을 향해 이타심을 가지고 거침없이 나아가는 한비야를 보면서 도전과 용기의 아름다움을 느꼈다. 그리고 마음속으로 그 분을 롤 모델을 삼았다. 죽을 때까지 배움의 자세로 살며 더 넓은 세상을 향해 나가기로 결심했다. 그리고 마음의 소리를 따라 도전과 모험을 감행해왔다. 그렇게 20대를 치열하게 보내면서 다듬어져 가는 나를 발견할 수 있었던 것이다.

많은 청년들이 '삶의 안정'을 우선시하여 자신의 소중한 젊음을 획일화시키고 있다. 아직 자신의 길을 몰라 방황하고 있는 사람들, 자신의 가치에 대해 모르는 사람들에게 말해주고 싶다. 당신의 잠재력은 무궁무진하다고. 그러니 세상 사람들이 말하는 보편적인 '길' 말고 마음의 소리를 듣고 마음이 시키는 길을 향해 나아가라고.

나를 **차별화**시키는 글쓰기

"사람들은 내가 입는 방식을 비웃었지만 그것은 나의 성공 비밀이었다. 그것은 나를 다른 사람과 달라 보이게 했다."

현대 패션계에 큰 획을 그은 세기의 디자이너 가브리엘 코코샤넬(1883-1971)의 말이다. 오늘날까지도 많은 여성이 그녀가 창조한 스타일과 향기에 열광하고 있다. 그녀는 여성들의 꿈을 대변한다. 그녀처럼 세상사에 한 획을 그으며 산 사람들을 보면 누구보다 '차별화'된 생각을 가지고 인생을 살았다는 것을 알 수 있다. 고유한 스토리를 담아 특별한 가치를 만들어낸 것이다. 사람들은 그것을 '명품'이라 부르고 손에 넣기 위해 애쓴다.

나는 어렸을 때부터 뭔가 차별화된 것을 좋아했다. 획일화된 인생을 살기 싫었다고 할 수 있다. 그래서 중고등학교 때 친구들이 다니는 영어, 수학 학원에 다니지 않았다. 대신 서예를 배우고 지점토 공방에 다니며 시계나 편지꽂이 등 실생활에 필요한 용품들을 만들러 다녔다. 공부에 집중해야 할 때 그런 걸 배워서 뭐하겠냐며 반문할 수도 있다. 하지만 인생에서 영어, 수학 점수가 그리 중요하다고 생각하지 않았던 것 같다. 오히려 나를 차별화시키려면 뭘 해야 할까에 초점을 맞춰서 살았다.

차별화된다는 것은 과연 무엇을 의미할까? 나는 '절대적으로 내 삶에 즐거움이 되는 일을 하는 것'이라고 말하고 싶다. 즐거움 없이는 어떤 일도 제대로 해낼 수 없기 때문이다. 그리고 즐거운 일을 하다 보면 결국 차별화된 인생을 살게 된다. 나는 어느 정도 차별화된 인생을 살아왔다고 생각한다. 생각해보니 그 배후에는 항상 '글쓰기'가 있음을 부인할 수 없다.

글을 쓰면 나의 습관이나 강점, 약점 등을 알게 된다. 발전시켜야 할 것과 버려야 할 것의 구분이 쉬워진다. 그럼으로써 내가 가진 강점에 집중해서 살게 된다. 내 삶에서 즐거움이 되는 일이 무엇인지 발견하게 된다. 그게 바로 나를 차별화시키는 요소인 것이다. 끊임없이 글을 쓰는 과정에서 생각하고 사고한 모든 것이 내 인생에 영향을 주어 누구도 따라할 수 없는 고유한 나의 모습이 갖춰지게 되는 것이다.

나는 글을 쓰면서 끊임없이 되물었다. 앞으로 내가 살아가고 싶은 인생에 대해 적었다. 그 글들이 내 마음에 박혀 삶의 방향성을 갖게 했다. 글쓰기로 인해 삶에 주체성이 생기고 그것이 행동으로 연결되었다. 그래서 안정적인 길을 선택하라는 부모님의 요구에도 불구하고 내 마음의 소리에 따라 인생을 설계할 수 있었다.

요즘 TV 강연 프로그램을 즐겨본다. 차별화된 인생을 살고 있는 사람들이 출연해서 자신의 이야기를 들려준다. 많은 강연자 가운데 가장 인상 깊었던 사람이 있다. 바로 언어 천재라 불리는 조승연 작가다. 평소 다른 나라 언어를 배우는 것에 관심이 많던 나는 7개 국어를 구사하는 조승연 작가에게 관심이 가지 않을 수 없었다.

그 작가가 강연한 프로그램들을 찾아보았다. 많은 이야기가 있는데, 그 가운데 가장 인상 깊은 에피소드를 여기에 소개하고 싶다.

그가 뉴욕대학교 유학시절에 있었던 일이다. IMF가 터지면서 부모님의 경제적인 지원이 끊겼다. 그는 한국으로 돌아오라는 부모님의 말에도 아랑곳하지 않고 학업을 포기하지 않았다. 거주할 집이 없어 발을 동동 구르고 있는데, 어느 날 친구가 와서 기막힌 제안을 했다. 그 친구는 중동에서 유학온 친구였다. 그 친구 삼촌이 카펫 사업을 하러 뉴욕에 오는데, 창고에 있는 카펫을 지켜줄 사람이 필요하다고 했다. 페르시아 카펫이라 꽤 비쌌다고 한다. 그는 그 제안을 수락하고 창고에서 지내면서 학교를 다녔는데, 어두컴컴하고 무서운 창고에서 버틸 방법을 찾았다. 그게 바로 '글쓰기'였다.

그는 밤낮으로 글을 썼고 그 글로 자신의 첫 번째 책을 출간할 수 있었다. 그리고 그 인세로 학업을 무사히 마쳤다. 글쓰기가 학업은 물론 지금의 조승연 작가가 있게 했던 것이다. 그는 현재 37권의 책을 출간한 작가이자 강연자이자 방송진행자로 활발하게 활동하고 있다. 조승연 작가를 차별화시킨 것은 명문대 유학생이라는 타이틀이 아니다. 자신이 힘들었던 시절, 버티기 위해 죽기 살기로 했던 '글쓰기'였다는 것이다.

글을 쓰면 이런 스토리 있는 인생을 살게 된다. 그것도 조연이 아닌 주인공으로서의 인생 말이다. 평범하게 생각했던 일상도 글이라는 도구를 만나는 순간 특별해진다. 그리고 세상의 주인공은 바로 내가 된다. 글을 쓰면서 보석같이 빛나는 나의 존재를 알게 된다. 그리고 그 누구와도 견줄 수 없는 경쟁력을 갖고 차별화된 인생을 살게 된다. 그 능력은 어떤 금은보화와도 바꿀 수 없다.

많은 사람들이 차별화된 삶을 원한다. 하지만 현실이 녹록치 않다는 이유로 안주하며 살아간다. 그 안에서 행복을 느끼면서 만족하는 삶을 살면 그보다 더 좋은 건 없어 보인다. 그런데 꽤 많은 사람이 불평하면서 세월을 낭비하고 있다. 이런 사람들은 인생을 주도적으로 살기보다는 끌려다니는 인생을 산다. 누군가 만들어 놓은 제도 속에 들어가 사는 것이 편하다고 하지만 본인의 자아가 끊임없이 외치고 있을 수도 있다. '내가 원하는 삶은 이런 게 아니었잖아!' 하면서.

또 많은 청년이 그 안정적인 제도 속으로 들어가기 위해 피 터지게 경쟁한다. 요즘같이 너도 나도 비슷한 스펙을 가지고 있는 시대에서는 오히려 스펙이 없는 것이 차별화일지도 모른다. 그런데도 다른 사람들과 차별화되기 위해 지닌 스펙에 하나의 스펙을 더 얹기 위해 노력한다. 차별화한다면서 오히려 서로 더 비슷하게, 삶의 경쟁구도만 부추기며 살아가고 있는 것이다.

마크 앨런은 《비전의 비즈니스, 한 기업가가 들려주는 성공 안내서》에서 이렇게 말한다.

충분한 시간을 갖고 정기적으로 자신의 삶을 돌이켜보는 것이 중요하다. 이러한 시간을 갖는 것이 무엇보다 중요하다. 아무런 편견 없이 정직하게 과거의 삶을 돌이켜보면서, 현재의 삶을 있게 해주었던 중대한 사건들을 발견해내는 것이 무엇보다 중요하다. (⋯⋯) 이러한 사건들 중에는 당신에게 커다란 발전을 주었던 사건이 있기 마련이다. 그러므로 그때의 사건을 기억해야만 한다. 그때 얻었던 교훈과 믿음을 되살리면서 간직할 수 있어야 한다. 또한 삶을 살아가는 과정에서 당신의 잠재력을 알아내고 어떤 식으로든 도움을 주었던 사람이 있게 마련이다.

충분한 시간을 갖고 글을 쓰면 그 과정에서 자기 삶을 돌이켜보게 된다. 그리고 나를 차별화시키는 중대한 사건들과 맞닥뜨리기도 하고 도움을 주는 사람들을 만나기도 한다. 내 삶에 있던 크고 작은 사건을 글로 쓰는 습관을 들이면, 그 습관이 나를 차별화시키는 강력한 무기였다는 사실을 알게 되는 날이 반드시 올 것이다.

내가 **글을 쓰는**
이유

'글쓰기'는 지루하고 고단한 작업이라고 생각했다. 글을 쓴다고 하면 뭔가 고루해 보였다. 외적으로 빛나보이지는 않았다는 것이다. 작가로 이름을 날리는 사람들을 보면 하나같이 힘든 시기를 보냈다. 그리고 평범한 사람들이 겪지 않는 경험을 많이 한 것을 알 수 있다.

내 마음속에 의문이 들곤 했다. '힘든 일을 겪어서 글을 쓰는 걸까? 아니면 글을 쓸 운명이라서 그런 힘든 일들이 생기는 걸까?' 이런 생각을 하며 나는 글을 쓰는 인생을 살지 말자고 다짐했다. 그랬던 내가 어느 순간 방송작가가 되겠다고 결심했다. 그런 나에게 아버지는 이렇게 말하셨다.

"작가들은 다 담배 피운다고 하던데… 앉아서 운동도 안하고, 살만 찌고, 건강에도 안 좋은 직업을 왜 하려고 그래? 스트레스만 받고……."

아버지가 생각하는 방송작가의 이미지는 그랬다. 각각의 직업들이 가지는 이미지가 있긴 하지만 다른 직업들을 수식할 때 붙지 않는 '미녀'라는 말이 유독 작가 앞에 강조되는 것을 볼 수 있다. '미녀 작가'라는 식으로……. '미녀 스튜어디스', '미녀 선생님', '미녀 코디네이터'라는 말은 보통 사용하지 않는다. 이런 것을 볼 때, 통상적으로 작가란 직업은 화사함과 거리가 먼 직업이긴 한가보다.

나 또한 기세고 팔자 센 사람들이 작가를 하는 것이라고 은연중에 생각을 하고 있었으니 할 말은 없다. 그런 내가 방송작가를 하겠다고 한 것은 '작가'의 초점이 아니라 '방송'에 초점을 맞췄기 때문이다. 방송국에서 일한다고 하면 화려함과 자유로운 이미지가 그려졌다. 그리고 많은 도전을 해보고 싶었다.

방송국에서 일하면서 더 큰 세계로 나가고자 하는 열망은 커졌다. 넓은 세계로 나가서 나만의 '파랑새'를 찾고 싶었다. 그래서 20대 때는 틈나는 대로 짐을 싸들고 여기저기 여행을 다녔다.

나의 첫 해외여행은 20대 초반에 친구와 갔던 '유럽 여행'이다. 당시 400만원이라는 돈을 내 힘으로 모아 유럽 11개국을 30일 동안 다녀왔다. 시간을 아껴가며 밤새 기차 안에서 잠을 자며 다녔기에 11개국이나 갈 수 있었다. 여행이 아니라 거의 극기훈련 수준이었다. 젊었기에 그리고 간절했기에 가능한 일이었다. 비록 유명한 곳을 찾아 점을 찍듯이 하는 여행이었지만, 나름대로는 꽤 성공적인 해외여행이었다고 자부한다.

여행을 다녀와서는 그 '힘'으로 일상을 살았다. 버텼다는 말이 맞을지도 모르겠다. 그리고 그 힘이 떨어진다고 느껴지면, 비행기 티켓을 예약하고 수혈을 하러 갔다. 그게 내가 한국에서 일상을 견딜수 있는 유일한 방법이었다. 그런 나에게 어떤 친구가 말했다.

"네 삶이 불안하고 안정이 안 되니까 자꾸 떠나려고 하는 거 아니야? 떠난다고 답을 찾을 수 있는 게 아니야. 좀 침착하게 너의 내면을 돌아봐. 현재 삶에 만족을 하면 굳이 떠나려는 마음이 들지는 않을 거야"

그때는 무슨 의미인지 몰랐다. 여행을 자유롭게 다니는 내가 부러워서 그런 말을 하는 것만 같았다. 어쩌면 정말 휘청거리는 20대를 보냈는지도 모르겠다. 한 곳에 진득하게 있지 못하고 이리 저리 휘날리는 낙엽과도 같은 삶이었다. 불안했고, 불안했기에 어딘가 안주하지 못하고 끊임없이 배우고 도전했다. 어딘가에 있을지도 모르는 나만의 '파랑새'를 찾기 위해 여행을 하고 다른 언어를 배우고 연애도 열심히 했다. 남들이 보기에는 '이상주의자'였지만, 그게 내가 현실을 사는 방법이었다.

어린 시절, 나는 내가 갖지 못한 것을 가진 사람들을 참 많이 부러워했다. 하얗고 작은 얼굴을 가진 친구, 발표를 잘하는 친구 등등. 그 중에 가장 부러웠던 것은 한국이 아닌 외국에서 살면서 다양한

'언어'를 구사할 수 있는 사람이었다. 하지만 시골에서 그런 사람을 찾기는 쉽지 않았다.

해외에 산다는 것이 나의 '로망'이었다. 일단 생긴 소원에 대해서는 주저하지 말고 다 경험해보자는 주의여서 1년 동안 한번 영국과 유럽에서 살아봤다. 거기서 느낀 것은 사람 사는 모양들은 다 비슷하다는 것이다. 물론 사는 환경에 따라 가치관에 영향을 받지만 내가 생각하는 핑크빛 인생은 아니라는 것이다.

그때 나는 깨달았다. 앞을 알 수 없어서 막막했던, 막막해서 불안했던 시기들을 보내고 나서 비로소 내면이 굳건해졌다는 것을. 그렇게 될 수 있게 나를 지탱해준 것은 내가 그렇게 돌아다니면서 배우고 찾았던 것들 속에 있지 않았다. 내 옆에서 내가 쓰러지지 않도록 계속 나를 지탱해주고 있었는데, 나는 그것을 모르고 있었다.

어쩌면 너무 당연하다고 생각해서 생각조차 안했는지도 모른다. 내가 찾던 '파랑새'는 내가 싫을 때도 좋을 때도 꿋꿋이 했던 '글쓰기'였다. 나는 전형적인 작가가 되기를 거부했다. 하지만 결국 내가 원했던 것은 '글을 쓰는 삶'이었다. 20대 때 이런 저런 많은 일들을 했지만, 결국 모든 것들이 글쓰기에서 벗어나지 않았다.

나 자신에게 너무 미안해졌다. 본질적으로 내가 가지고 있는 것들을 인정하고 칭찬해주면 되는데, 내가 가지지 못한 것들을 좇아 고생시키며 살아왔다. 그리고 내가 인식하지 못하면서 해온 '글쓰기'에서 내가 많은 영향을 받았다는 것을 알게 되었고 글을 쓸 수 있는 재능에 감사하게 되었다.

사람마다 가진 재능은 다 다르다. 초의 심지를 찾아 불을 붙여주면 그 초는 아주 잘 타오른다. 그런데 대부분의 사람들이 심지를 찾지 못하거나 그 심지를 찾기 위해 엉뚱한 곳을 헤맨다. 나 또한 '주변 사람들의 초는 활활 잘 타오르면서 빛나는데, 왜 나만 못 찾지?' 하는 생각을 하면서 살았다.

성공한 작가들의 스토리를 보면, 유독 지독한 가난 속에서 글을 써서 인생을 역전시킨 사람들이 많다. 그 사람들이 대부분 공통적으로 하는 말은 '글을 쓰면서 현실에 대한 암울함을 이겨낼 수 있었고, 그래서 썼고, 글을 쓸 때만큼은 정말 행복했다'는 것이다. 그리고 너무 간절히 작가가 되고 싶었다는 것이다. 예전에는 그 의미를 몰랐는데, 이제는 알 것 같다.

'글쓰기'가 없었다면 나는 아직도 나의 본질에 대해 알지 못한 채 남의 것만 부러워하면서 살고 있을지도 모른다. 처음엔 정말 지루하고 고단한 이 작업이 주는 기쁨을 몰랐다. 그런데 글을 쓰면서 나를 성찰하게 됐고 나에게 믿음을 갖게 되었다. 믿음을 가지니 이리저리 흔들리지 않게 되었다. 내면이 굳건해진 것이다. 내면이 굳건해진다는 것은 내가 어디에서 어떤 삶을 살아도 '나만의 인생'을 즐길 수 있다는 것이다.

글을 쓰고 있는 순간에 찾을 수 있는 것은 아니지만, 세세하게 나의 인생을 변화시키고 있었다. 그런 면에서 글을 쓰는 것은 '언어'를 배우는 것과도 비슷하다고 할 수 있다. 아무리 해도 늘지 않는 것 같은데 어느 순간 성장해 있다. 계단을 오르는 것처럼 말이다. 그리고 그것은 오직 자신과 대면하고 자신이 찾아야 하지만 자신을 오롯이 빛나게 해줄 수 있는, 그 어떤 것과도 바꿀 수 없는 그 '무엇'이다. 나는 글쓰기를 통해 '행복'의 의미를 찾을 수 있었다.

한치 앞도 모르는 인생이라고 하지만 그것보다 더한 인생의 밑바닥에 있는 것 같은 기분이 들 때, 사람들은 자기 자신을 놓아버린다. 나도 그런 적이 있었다. 하지만 인생의 키는 나 자신에게 있다. 어떤 누군가가 나를 대신할 수 없고 지켜줄 수 없다. 나를 지켜줄 수 있는 것은 오직 나 자신이다.

나를 굳건히 지켜내기 위해, 그리고 행복으로 가는 '파랑새'를 찾기 위해 나는 오늘도 글을 쓴다.

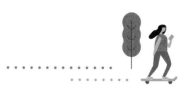

글을 쓸 때
두려움이 사라졌다

가끔 비행기를 탈 때 '만약에 이 비행기가 추락한다면?' 하고 일어
나지도 않은 상상을 한다. 그러면 두려움이 몰려온다. 두려움의 감
정은 내가 어떤 상황을 컨트롤할 수 없다고 느낄 때 생기는 것이 아
닐까 싶다.

어떻게 생각하면, 우리는 이 어리석은 감정을 친구 삼아 살아가고
있다. 두려움을 느끼는 모양과 크기는 사람마다 다르지만 말이다.
두려움이 생길 때 피하거나 맞서 싸우려고 노력하는 것은 능사가
아니다. 일단 두려움이 생기면 과감히 받아들여야 한다. 스스로를
그 환경에 노출시키고 온전히 느껴보는 것도 추천한다. 그리고 삶
에서 소중한 일들을 계속해나가면 된다.

아이러니하게도 나는 글을 쓰는 일이 두려웠다. 정확히 말하면, 내 글을 남에게 보여주는 것이 두려웠다. 스스로 선택한 일이었는데, 내 글에 자신이 없었다. 방송작가로 일을 하면서는 프로그램을 시작할 때 두려움을 느꼈다. 잘해야 한다는 강박관념에서 비롯된 두려움이리라. 사람들한테 인정을 받아야 한다는 욕심에서 비롯된 감정이기도 했다. 그래서 그 감정에 마음을 열고 용기를 냈다. 글을 잘 써야 한다는 마음, 인정받아야 한다는 욕심을 내려놓았다. 그리고 '글' 자체에 집중해서 하나하나씩 써갔다.

방송작가라는 직업을 선택하고 나서는 일을 위해 글을 많이 썼다. 그런데 나의 마음을 들여다보는 소소한 글은 더 이상 쓰지 않았다는 것을 깨달았다. 일을 위한 글을 쓴다고 생각했을 때 두려움이 커진다는 것을 알았다. 예전의 내 모습이 떠올랐다. 학창 시절, 아무것도 없어도 종이와 펜 하나로 행복하던 시절. 그때의 감성을 다시 찾고 싶었다. 그래서 나는 나를 알아가는 '진짜 글'을 쓰기 시작했다. 내 마음을 들여다보며 글쓰기에 온 힘을 쏟으니 나를 옭아매었던 부정적인 감정들이 하나 둘 사라지는 것을 느꼈다. 그리고 새로운 사람들을 만나 일을 시작하는 것을 두려워하지 않게 되었다.

스스로를 잘 알고 인정하면 두려움은 사라진다. 모든 부정적인 감정은 자신을 잘 알지 못함에서 기인하기 때문이다. 글을 쓰다보면 나 자신과 만난다. 내가 어떤 가치관으로 살고 있는 사람인지, 무엇을 좋아하고 무엇을 할 때 행복해 하는지, 그리고 어떤 장점을 가지고 있는지에 대해 객관적으로 보게 된다. 그러면서 '나'라는 존재를 인정하게 된다. 내가 가질 수 없는 것에 쓸데없이 욕심을 부리지 않고 조바심 내지 않게 된다. 솔직한 나 자신을 드러낼 때, 사람들도 그렇게 나를 인정해준다. 애써 있는 척, 아는 척할 필요가 없게 된다. 더 이상 두려움을 갖지 않아도 된다.

　여행 중에 만난 방송 PD가 있었다. 한국에 와서도 가끔 연락을 주고받았다. 어느 날 그 PD가 전화를 하더니 같이 일을 하자고 했다. 방송을 하러 독일을 가야 하는데 영어를 하는 작가가 필요하다고 했다. 1년에 한 번 독일에서 세계적인 가전제품 전시회가 열린다. 우리나라 굴지의 기업들이 참여한다. 그 가운데 S사에서 현지의 소식을 세계적으로 전하는 취지의 방송 프로그램을 만들자는 것이다.
　나는 주어진 모든 기회 앞에 NO를 하지 않는다. PD는 담당자들이 간단한 면접을 봐야 한다고 했다. 나는 흔쾌히 수락하고 면접 장소로 향했다. 국내 최고의 기업답게 들어가는 문부터 굉장히 까다로웠다. 보안상 가지고 있는 전자기기를 맡기고 안으로 들어갔다. 가벼운 마음으로 면접장에 들어섰는데, 가볍게 진행되는 면접이 아니었다. 내 이력서를 보던 담당자가 질문했다.
　"가전제품 관련 프로그램 해본 적 있어요?"
　"아니요."
　"유학이나 어학연수 경험 있어요?"
　"아니요."
　"토익이나 토플점수 있어요?"

"아니요."

"영어로 대본을 써본 적 있나요?"

"아니요."

"MC인터뷰를 영어로 진행해야 하는데 영어는 얼마나 하시나요?"

"대화는 할 수 있어요."

담당자는 취조하듯이 질문을 했다. 굉장한 자괴감이 몰려왔다. 그동안 나는 자부심을 갖고 일을 해왔다고 생각했는데 나 자신이 한없이 작아졌다. 사회에서 요구되는 스펙들은 작가를 하면서 필요가 없었다. 그런데 면접자는 나에게 없는 스펙들만 골라서 질문했다.

나는 당당하게 말했지만 당황스러웠던 것도 사실이다. 일을 못하게 될 수도 있다는 생각이 들었다. 일은 안해도 되는데, 감정이 상한 건 회복이 되지 않았다. 면접 후 집에 오는 길에 PD가 전화를 했다. PD도 뭔가를 느꼈는지 나보고 괜찮으냐고 물었다. PD도 일단 기다려보자고 했다.

어떤 방송 프로그램이든 시작할 때는 담당하는 여러 관계자들을 만난다. 그리고 여러 번의 회의를 거쳐 일이 진행된다. 이때 서로 탐색전이 시작된다. 서로에 대한 신뢰를 쌓아가는 과정이다. 작가는 일을 처음 시작할 때는 어쨌든 선택되는 입장이다. 그러다보니 관계자들의 시선을 무시할 수 없다. 지금쯤이면 낯선 사람과의 만남에 내해 감정이 무뎌질 때도 됐는데 언제나 긴장이 된다.

일은 시작하게 되었지만, 나는 낯선 긴장에 두려움이라는 감정까지 플러스해야 했다. 몇 번의 회의 속에서 과연 내가 할 수 있을까라는 의심도 몰려왔다. 그때마다 나는 대본 쓰기가 아닌 나만의 글쓰기를 통해서 마음을 다잡아 나갔다. 내 감정까지도 꺼내놓으며 글을 썼고 계속 나에게 용기를 주었다. 그러다보니 대본도 차근차근 써갈 수 있었다.

솔직히 해외에 가는 것을 누구보다 좋아했지만 독일로 향하는 발걸음이 그리 즐겁지는 않았다. 영국에서 온 MC를 내가 다 케어하고 촬영 진행까지 도와야 했기 때문이다. 두려운 마음이 들 수밖에 없었다. 하지만 나는 나를 믿고 순간순간에 최선을 다하며 촬영에 임했다. MC도 굉장히 능동적으로 촬영에 잘 임해주었고 결과는 대성공이었다.

처음에 나를 취조하듯 했던 담당자도 나에 대한 의심과 경계를 풀고 완전한 나의 팬이 되었다. 그리고 그 다음 해에도 나를 적극 추천하여 그 프로젝트를 또 진행할 수 있었다. 무엇보다 나는 독일에서 한국으로 돌아오면서 '두려움'을 뛰어 넘어 일을 해낸 나 자신에게 굉장한 자부심을 느꼈다. 이미 그런 능력을 갖춘 사람들에게는 별 게 아닐 수도 있다. 하지만 처음 시도해본 내게는 칭찬해줄 만한 것이었다.

누구나 어떤 상황에 처할 때 '두려움'이라는 감정을 느낄 수 있다. 하지만 그 두려움을 뛰어넘지 못한다면 인생에 어떤 고비가 올 때마다 주저앉게 된다. 나는 매일 쓰는 글쓰기 속에서 두려움이라는 감정을 극복했다. 그리고 그 경험은 각기 다른 종류의 삶의 위기가 올 때마다 넘어설 수 있는 자양분이 되었다. 나의 평생 숙원이었던 두려움이라는 감정을 극복했을 때의 희열은 이루 말할 수 없이 크다. 그리고 그 희열은 더 큰 꿈을 꾸게 한다.

매일 나를 들여다보며 나와 친해지는 글쓰기를 해보자. 글쓰기로 인해 세상을 구하지는 못해도 적어도 나 자신은 구할 수 있을 테니까.

글쓰기는
뇌를 **섹시**하게 한다

'뇌섹남', '뇌섹녀'라는 신조어가 언제부터인지 우리 삶에 대중화되어 쓰이고 있다. '뇌섹남'은 뇌가 섹시한 남자를 줄여서 부르는 말로 주관이 뚜렷하고 언변이 뛰어나며, 유머러스하고 지적인 매력이 있는 남자를 뜻한다. 이제는 겉으로 드러나는 외모만으로 경쟁력이 안 된다는 것을 내포하고 있는 것만 같다. 외모 위에 지성을 겸비하여야만 한다고 세상에선 끊임없이 외쳐대고 있다.

　예전에는 사람에 대한 묘사를 할 때 외모에 대한 표현을 많이 했다. 요즘에는 그 사람이 가진 매력을 가지고 말하는 경우를 볼 수 있다. 단순히 예쁘다, 잘생겼다 등의 표현에서 더 확장이 되어 지적이다, 리더십이 있다 등의 표현까지도 쓰는 것이다. 나 또한 '뇌가 섹시한 여자가 되고 싶다. 평생 배움의 자세로 지적인 매력을 풍기며 살아가고 싶다.

뇌가 섹시해지기 위해서는 무엇을 해야 할까? 책을 많이 읽으면 될까? 뇌가 섹시해진다는 것은 단순히 독서량이 많다고 해서 얻어지는 능력이 아니다. 그렇다고 독서가 필요 없다는 것은 아니다. 독서는 필수다. 인풋이 있어야 아웃풋을 낼 수 있기 때문이다. 인풋이라 함은 내가 인생에서 하는 경험, 학습적인 공부, 독서 등의 모든 것들을 포함한다. 우리는 그 인풋들을 잘 받아들이고 배치하고 조합해야 한다. 그리고 거기에 내 생각을 덧붙여야 한다. 그렇게 아웃풋, 즉 결과를 낼 수 있는 것이다.

예전에는 어떤 것에 대해 정보를 전해주는 것이 '교육'이었다. 뭔가를 많이 알고 있으면 똑똑한 사람이라고 했다. 그래서 우리는 똑똑해지기 위해 우리에게 주어진 정보와 내용들을 끊임없이 외웠다. 하지만 요즘에는 많이 안다고, 그런 정보만을 읊어댄다고 똑똑하다고 하지 않는다. 그냥 잘난 척한다고 사람들에게 외면을 당할 뿐이다. 그러한 정보들은 사람보다 똑똑한 기계들이 담당하고 있기 때문이다.

언제 어디서나 내가 원하는 정보를 찾을 수 있는 스마트 폰으로 우리에게 더 이상 암기 교육은 의미가 없어졌다. 대신에 내가 알고 있는 정보를 잘 활용하여 거기에 가치를 부여하는 작업을 해야 한다. 원래 있던 정보에 나만의 생각을 잘 버무려서 최상의 결론을 도출해내는 것, 그것이 현대를 살아가는 우리들에게 필요한 교육이다. 그런 교육이 잘 되어 있는 사람에게 우리는 뇌가 섹시하다고 표현한다. 하지만 그 교육은 단시간에 이루어질 수 없다. 끊임없이 어떤 사물과 현상에 대해 질문하고 고민을 하면서 자신만의 것으로 만들어가야 한다. 어떤 분야에서든지 배운다는 자세로 공부를 하고 성찰을 할 때 우리는 어떤 분야에서도 '전문가'가 될 수 있다.

이와 같은 이유로 나는 뇌가 섹시해지는 방법으로 '글쓰기'를 강력하게 추천한다. 글쓰기는 인풋에서 아웃풋을 내기까지 일련의 과정을 다 포함하는 최고의 방법이다. '읽는다는 것'은 저자의 생각을 이해하는 수동적인 행위인 반면, '쓴다는 것'은 여러 가지 작업이 수반되는 적극적인 행위이기 때문이다. 정보를 취합하는 수동적인 행위만으로는 내 것으로 온전히 만들 수 없다.

내 것으로 온전히 만들면 거기에 나의 생각과 아이디어가 더해진다. 그때 나의 주관적인 목소리를 낼 수 있다. 글을 쓰다 보면 그런 정보와 나의 생각들이 자연스럽게 정리가 된다.

어쩌면 글을 쓴다는 것은 가르치는 일과도 맥락을 같이 한다고 본다. 어렸을 적 어떤 공부를 할 때 누군가 그랬다.

"학생의 입장이 아니라 누군가에게 가르친다고 생각하면서 접근해봐."

그때부터 받아들이기만 하는 배움이 아니라 누군가에게 가르칠 것을 생각하면서 배움에 임했다. 그랬더니 배움을 흡수하는 속도가 굉장히 빨라졌던 기억이 있다.

방송을 위해서 대본을 쓰다보면 내가 먼저 그 분야에 대해 잘 알고 있지 않으면 안 된다. 글을 쓸 수가 없다. 이게 바로 인풋이 필요한 이유다. 그렇다고 내가 모든 경험을 나서서 할 수는 없다. 이럴 때는 간접경험의 힘을 빌린다. 내가 쓰려고 하는 정보에 관한 책이나 인터넷을 통해서 자료를 모아야 한다. 그 자료들을 모아 배치하고 정리하여 구성을 한다. 그리고 대본을 쓰는 것이다. 그 작업이 바로 '인풋'이 되어 배치, 조합, 정리를 거쳐 '아웃풋'으로 가는 과정이다. 이 과정을 거치고 나면 어느새 그 분야에서 '전문가'가 되어 있다. 아는 만큼 보인다고, 그로 인해 관심도 생긴다. 그렇게 나도 모르는 사이에 나의 뇌는 섹시해져 가고 있었다.

이러한 삶의 자세는 매 순간 인생을 살아갈 때 영향력을 행사한다. 살다보면 인생이 내 뜻대로만 흘러가지 않는다. 때로는 내가 싫은 일들도 꿋꿋하게 해내야 할 때가 있다. 나의 경우를 본다면 방송 프로그램을 할 때 내가 잘 알고 있는 분야, 좋아하는 분야의 프로그램을 담당할 수도 있다. 하지만 내가 접해보지 않은 생소한 프로그램을 맡을 때도 있다. 잘 모른다고 나에게 온 기회를 날려버릴 수는 없는 것이다. 그러면 나에게 주문을 건다. 뇌가 섹시해질 수 있는 절호의 기회라고.

나는 라디오방송 프로그램부터 패션·뷰티, 공연, 여행, 다큐멘터리 등의 프로그램을 맡아 대본을 썼다. 솔직히 그 분야들에 대해 다 잘 알 수는 없다. 공부를 하면서 해나가는 것이다. 실제로 여행 프로그램을 할 때 내가 가보지 않았던 미국 '라스베가스'에 대해 대본을 써야 했다. 그때 라스베가스와 관련된 여행 책들을 샀다. 그렇게 공부를 하고 글을 썼다. 글을 쓰고 나니 그 장소가 머릿속에 그려지며 여행을 하고 온 것만 같은 기분을 느꼈다. 그리고 여행을 다녀온 사람들과 공감하며 대화를 할 수 있었다.

　음악 쪽으로 석사과정을 하던 친구가 있었다. 이 친구는 음악 연주나 작곡만 했지 글을 많이 써보지 않은 친구였다. 그런데 석사학위를 따기 위해서는 논문을 써야 했고 밤낮으로 매달려서 논문을 써냈다. 자신은 글을 쓸 줄 모르는 사람인 줄 알았는데 글을 다 쓰고 나서 굉장한 자신감을 얻었다고 했다. 그리고 자신이 논문 주제로 선택했던 음악 분야에 대해 총정리가 되고 그것에 대해 강의도 할 수 있을 것 같다고 했다. 글을 쓸 때는 별거 아닌 행위로 느껴질 수 있다. 하지만 글을 다 쓰고 나서는 뇌가 섹시해짐은 물론 자존감도 높아진다. 두 마리 토끼를 잡을 수 있는 완벽한 도구다.

　천재라고 불리는 아인슈타인은 이런 명언을 남겼다.

　"나는 똑똑한 것이 아니라 단지 문제를 더 오래 연구할 뿐이다."

　우리 몸의 근육은 하루아침에 생기지 않는다. 특히나 뇌가 섹시해지는 근육은 더 그럴 것이다. 하지만 인내와 끈기를 가지고 글쓰기를 실천한다면 섹시한 뇌는 금방 만들 수 있다. 언어, 감성, 예술, 수학, 과학 등 우리 사고를 구성하는 영역들은 무궁무진하다. 입력된 정보들을 단순히 아는 것에서 그치지 않고 뚜렷한 주관과 유머러스한 언변을 가지기 위해서는 우리의 뇌를 잘 사용할 줄 알아야 한다. 그리고 그런 작업은 아인슈타인의 말처럼 오래 고민하고 연구하다 보면 잘할 수 있게 된다. 글쓰기를 하면서 말이다. 글쓰기는 모든 감각 기관을 열어놓고 종합적으로 사고할 수 있게 만들어주기 때문이다.

'뇌가 섹시한 사람'이라는 칭호를 받고 싶은 당신에게 필요한 것은 높은 IQ와 방대한 양의 지식이 아니다. 하루에 한 자라도 글을 써나가는 끈기와 열정만 있으면 된다. 그 열정이면 평생 뇌가 섹시한 사람으로 살아갈 수 있을 것이다.

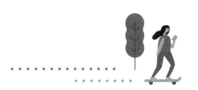

글쓰기는
사업 아이템이 된다

사회가 점점 불안해지고 공무원시험 응시자는 매년 역대 최대 인원이라는 기록을 갱신한다. '평생직장'의 개념은 없어진 지 오래다. 이처럼 직장에 대한 인식이 변하면서 창업 세계에 뛰어드는 이들이 늘어나는 추세다. 예전에는 직장을 은퇴하고 창업하는 사람들이 많았다면, 요즘에는 일찍부터 창업을 해서 자신의 인생을 설계하겠다는 청년들도 늘어나고 있다.

잡코리아와 알바몬이 성인 남녀 4802명을 대상으로 설문조사를 진행한 결과, 10명 중 1명 이상이 창업했던 경험이 있는 것으로 나타났다. 또 10명 중 8명은 '언젠가는 창업할 것'이라는 계획을 가지고 있었다. 가장 많이 창업하는 사업 아이템은 '온라인 쇼핑몰'이 1

위를 차지했다. 창업을 계획하는 이유로는 '자유롭게 일하며 여유롭게 생활하고 싶어서'가 33.8%로 가장 많았다. 이어 직장생활로 인한 수입은 한계가 있을 것 같아서 26.6%, 언젠가 내 사업을 해보고 싶었기 때문에 20.7%, 직장생활을 오래하지 못할 것 같아서 17.9% 순이었다.

　사업의 매력은 일단 내가 하는 모든 일이 수입과 직결된다는 것이다. 그리고 시간을 자유롭게 쓸 수 있다. 하지만 사업을 할 때는 여러 가지 요소를 생각해야 한다. 아이템, 장소, 마케팅 등 여러 요소가 잘 어우러졌을 때 성공적으로 해나갈 수 있다. 창업을 하려는 사람들에겐 아마도 '아이템'이 가장 고민거리일 것이다. 그리고 가지고 있는 자본도 무시하지 못할 것이다. 하지만 난 무형의 자본인 '글쓰기'가 사업 아이템이 될 수 있다고 본다. 우리는 지금 4차 산업혁명 시대를 살고 있고 지식노동자가 되었다. 다른 자본이 아닌 지식을 가지고 사업을 해야 한다는 것이다. 지식을 체계화하고 사람들에게 함께 나눠줄 수 있는 것이 바로 '글쓰기'이다.

　나는 20대 초반에 방송국에서 일을 하면서 많은 사람들을 만났다. 그런데 내 친구는 대학을 졸업했는데도 불구하고 취업에 목숨 걸지 않았다. 그녀는 자신의 이름으로 된 글을 쓰고 싶어 했다. 그것도 TV에 방영되는 '드라마' 말이다. 그녀는 자신과의 약속을 지키며 꾸준히 글을 써갔다. 당장에 손에 잡히는 결과물은 없었다. 내가 보기에는 좋은 시기에 사람을 만나지도 않고 경제활동을 하지도 않는 그녀가 안쓰러웠다. 그런데 몇 년이 지나고 그녀는 드라마 공모전에서 수상을 했다. 그리고 TV에서 그녀가 쓴 드라마를 볼 수 있었다. 자신에 대한 확고한 믿음과 신념이 만들어낸 결과였다. 그리고 그녀는 지금 사업가로 변신해서 멋지게 사업을 해나가고 있다.

가까운 친구를 예로 들었지만 이와 비슷한 이야기들은 언론에서 많이 접했을 것이다. 방송 드라마가 가져다주는 파급효과는 어마어마하다. 드라마 하나로 인해서 여러 사업이 연계될 수도 있다. 캐릭터 사업이 될 수도, 출판 사업이 될 수도, 여행상품 사업이 될 수도 있다. 무형의 자본 '글쓰기'로 만들어 낼 수 있는 것이다.

《부의 추월차선》의 저자 엠제이 드마코는 그의 저서에서 부를 빠르게 창출하는 다섯 가지 추월차선 사업에 대한 이야기를 한다. 4차 산업혁명 시대에서 부를 이루는 방법은 여러 가지 있지만, 그 중 하나가 '콘텐츠 시스템'이라고 한다. 그는 이렇게 이야기한다.

"콘텐츠 시스템은 정보를 활용하는 시스템이다. 보는 인터넷이나 물리적 유통시스템 등 다양한 여타 시스템을 통해 퍼져나갈 수 있다."

결국 글쓰기가 사업 아이템이 되고 막대한 부를 축척할 수 있는 시스템이 된다는 것이다.

좋은 콘텐츠만 있으면 그것이 입소문을 타는 데 시간이 오래 걸리지 않는다. 그리고 그 콘텐츠의 범위는 무궁무진하다. 우리가 취미로 하는 요리, 운동, 여행, 쇼핑 등등의 소소한 것들이 될 수도 있다.

〈줄리 앤 줄리아〉라는 영화가 있다. 영화 속 두 주인공은 실재 인물을 모델로 했다. 평범한 전업주부인 '줄리아'는 자신이 요리할 때 가장 행복하다는 것을 알게 되고 프랑스 명문 요리학교 르꼬르동 블루에 다니면서 요리에 도전하게 된다. 밤낮으로 공부하고 노력한 결과 전설의 프랑스 셰프가 된다. 평범한 공무원인 '줄리'는 줄리아가 쓴 요리책을 보며 1년 동안 524개의 레시피에 도전한다. 그리고 그 내용을 자신의 블로그에 올린다. 요리 블로그는 생각지도 못한 폭발적인 반응을 얻게 된다. 결국 그녀는 요리책을 출간하고 자신을 모델로 영화까지 만들게 된다.

이렇게 매일 글을 쓰는 행위 속에서 새로운 사업이 열릴 수 있는 것이다. 나 같은 경우에는 한 번 방송이 되고 나면 없어지는 대본만 쓰다 보니 이름을 남길 수 있는 글을 쓰고 싶었다. 콘텐츠의 중요성에 대해선 알고 있었고 어떻게 하면 되는지도 알고 있었다. 하지만 그러한 것이 한번에 뚝딱 써낼 수 있는 것은 아니다. 하나의 목표를 가지고 끈질기게 목표를 향해서 정진했을 때 얻어질 수 있는 결과물이다.

그런데 나는 시도를 하다가 항상 중간에 멈추곤 했다. 당장 해야 할 일들이 우선순위가 되었던 것이다. 노력 없는 열매는 없다. 항상 꾸준하게 하는 것이 중요하다. 돌이켜 보면 나에게는 간절함과 끈기가 없었던 것 같다.

여행을 좋아하는 나는 여행에 관련된 글을 써서 블로그에 포스팅하려고 노력했다. 하지만 그 노력은 언제나 바로 해야 되는 일 앞에서 뒷전으로 밀렸다. 하지만 내 친구 가운데 한 명은 '인도'라는 나라에 꽂혀서 여행을 몇 번 씩이나 다녀오더니 꾸준히 블로그에 글을 쓰기 시작했다. 그리고 홈페이지를 만들어서 사람들과 정보를 공유했다.

인도에 관심을 보이는 여행자들이 질문을 하기 시작했다. 친구는 인도 여행을 가려고 하는 사람들을 모아 가이드를 했다. 그렇게 자신이 좋아하는 일을 하더니 지금은 '여행 사업'을 하고 있다. 그리고 여기저기 강연도 다니고 있다. 인도에서 지중해, 남미까지 영역을 확장하며 사업이 뻗어나가고 있다. 나는 가끔 잡지나 TV에서 그의 소식을 접한다. 참 대견하다는 생각이 든다.

하나의 아이디어에서 시작이 되더라도 꾸준함이 없으면 성장할 수 없다. 내가 봤을 때는 별거 아니고 사소한 글쓰기라도 언제 어떤 사업으로 연결될지 아무도 모른다. 글쓰기는 더 이상 전업 작가들만 하는 것은 아니다. SNS가 일상화되면서 아마 체감하고 있을 것이다. 중요한 사실은 내가 가진 직장 생활의 경험 그리고 취미만으로도 꾸준히 글쓰기가 계속된다면 사업으로 연결시킬 수 있다는 사실이다. 아마 그렇게 이미 사업을 하고 있는 사람들도 많을 것이다.

글쓰기가 이렇게 사업 아이템이 될 수도 있지만, 꾸준한 글쓰기를 한다면 스스로가 단단해지게 된다. 누구를 만나든, 어떤 종류의 사업을 하든 자신만만해진다. 만만치 않은 문제에 부딪힌다 하더라도 우왕좌왕하지 않고 차분하게 실마리를 풀어낼 수 있으며 조급해하거나 불안에 떨지 않게 된다.

프리랜서 작가로만 살다가 기회가 주어져서 2년 동안 사업을 해본 적이 있다. 교육 사업이었지만, 그 이후 생각이 한 뼘 자랐다는 것을 경험했다. 사업이란 것은 어렵고 특정한 사람들만 하는 것이라고 생각했는데, 사업은 인생을 살아가면서 꼭 한번은 해봐야 할 경험이라고 말하고 싶다.

고용되서 일을 해보기도 하고, 고용을 하는 입장에서도 일을 해본 나는 그 둘의 마음가짐이 다르다는 것을 명백히 알고 있다. 내 사업을 한다는 것은 가끔 고단하게도 느껴지지만, 눈빛이 살아있는 하루하루가 된다. 목표를 가지고, 내 자신을 잘 관리하는 삶을 살게 된다. 그래서 사업을 하는 사람들은 꽤 긍정적인 시선을 가지고 있다. 하지만 아직 많은 사람이 생각에만 머물고 실행을 하지 못한다. "나도 창업을 하고 싶지만 돈이 없어. 그만한 능력이 안 돼."라고 말하는 사람들에게 말해주고 싶다. 직장생활의 노예에서 벗어나고 싶지 않아? 인생을 주도적으로 살고 싶어? 그러면 묻지도 말고 따지지도 말고 지금부터 당장 글쓰기를 시작하라고. 꾸준히 하다보면 사업 아이템이 보일 거라고 자신 있게 말할 수 있다.

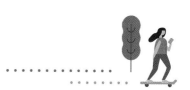

Self-Esteem Of Writing

내 **인생 최고**의 자기계발,
글쓰기

사람들은 자신이 원하는 인생을 살고 싶어 한다. 그러기 위해서는 인생에서 '변화'가 있어야 한다고 생각한다. 좀 더 나은 삶을 살고 싶어서, 혹은 좀 더 나은 사람이 되고 싶어서 다른 나라 언어를 배우거나 자격증을 따는 등의 '자기계발'을 한다. 그런데 삶이 좀처럼 변하지 않는다는 푸념을 한다. 한번에 인생이 바뀌리라는 기대 때문일까? 그 어떤 자기계발을 하더라도 인생이 한번에 바뀌지 않는다는 것은 명백한 사실이다.

나 또한 자기계발을 한다는 명목 하에 많은 것들을 배우러 다녔다. 춤을 배운다고 '재즈댄스' 학원에 다니기도 했고 영어를 배우러 다니기도 했다. 스페인어, 메이크업, 피부관리, 풍선아트, 페이스페인팅, 스윙댄스, 살사댄스 등등. 나의 배움은 일과 연결되어 뭔가 필요해서가 아닌, 순전히 내 마음이 시키는 대로 좋아서 한 것들이었다.

하지만 20대의 어느 일정 시기가 지나고 열심히 살아왔다고 자부한 내 삶을 돌이켜 보니 달라진 게 아무것도 없다는 느낌이 들었다. 표면적으로 보여지는 상황이 말이다. 갑자기 나이 앞에 3이라는 숫자가 붙으면서 허무함이 느껴졌다. 그 순간 나의 삶에 위안과 그나마 발전을 가져다준 부분이 있다면 바로 글쓰기라는 사실을 알았다.

그 어떤 자기계발도 글쓰기에 비할 수는 없다. 다른 사람들이 만들어 놓은 시스템에 들어가 그 속에서 열심히 배우고 자격증을 취득한들 나의 진정한 변화는 기대하기 힘들다. 그리고 그것들이 내 삶을 보장해주지도 않는다. 남들의 지식만 그저 배우는 것이지 진짜 '알맹이'가 빠져 있기 때문이다. 그 어떤 계발이든 나와 진정 마주하는 순간 변화가 시작되고 열매를 맺을 수 있다.

내가 자기계발을 하는 이유는 좌절감을 느끼지 않기 위해서다. 그리고 인생이 후퇴하는 것이 아니라 어떤 분야에서든지 조금씩 성장하고 있다는 느낌을 갖기 위해서다. 성장한다는 느낌은 성취감으로 연결되고 성취감을 느끼면 마음속에 뭔지 모를 기쁨이 충만하게 된다. 또 한 가지 덧붙인다면 즐겁게 살기 위해서다. 이에 대해 미국의 소설가 엔다 퍼버의 말이 마음에 와서 닿는다. 인생은 글쓰기를 사랑하는 자를 결코 좌절시킬 수 없다고. 그리고 글을 쓴다는 것은 죽을 때까지 삶 자체를 연인으로 두는 일이라고 말이다. 좌절하지만 않아도 좋겠는데, 삶 자체가 연인이 된다는 표현은 참 설렌다.

 글쓰기가 자기계발이라고는 말했지만, 실제로 글쓰기는 우리 삶의 모든 것에 기반이 된다. 그리고 생존을 위해서 필수로 해야 하는 일이라고도 할 수 있다. 학교에서는 리포트를 써야 하고 직장에서도 보고서를 써야 한다. 프레젠테이션도 글이다. 친구 사이에 오가는 편지도 글이고 자기소개서도 글이다. 학위를 따기 위해 전문 분야에 대한 정리를 하는 논문도 글이다.
 나는 책을 좋아해서 어렸을 때부터 독서를 통해 자연스럽게 글쓰기를 익혔다. 하지만 그렇지 않은 사람들은 어렸을 때부터 글쓰기를 등한시하다가 나중에 부랴부랴 글쓰기를 배우기 위해 애쓰는 모습을 볼 수 있다. 우리나라에서도 어렸을 때부터 자연스럽게 글쓰기 교육이 이루어지면 어떨까 하는 생각을 해본다. 일부러라도 글쓰기 교육을 하고는 있지만 학습을 위한 글쓰기가 아니라 글쓰기가 전반적으로 삶을 지배하는 형태 말이다. 굳이 우리가 생각하는 자기계발을 하듯이 돈을 주고 일정한 장소에 가서 배우는 그런 종목이 아니라 삶에서 자연스럽게 묻어나오게 하자는 말이다.
 그런 의미에서 유대인들의 글쓰기 삶에 솔깃해지지 않을 수 없다. 유대인들은 어렸을 때부터 책을 읽고 생각을 말하는 토론 문화가 정착이 되어 있다. 가정에서부터 부모와 자식 간에 사회 현상에 대한 토론이 자연스럽게 이루어지는 것이다. 그렇기에 이들은 글을 쓰는 방법을 따로 배울 필요가 없다. 평상시 삶에서 글쓰기가 이루어지기 때문이다. 유대인 9명 중 1명이 작가라는 것이 그것을 반증한다.

세계 인구의 0.2%에 불과한 유대인들이 역대 노벨상 수상자 가운데 23%를 차지하고 있다. 그들은 태어나서 죽을 때까지 읽고 쓴다. 반면에 우리나라는 책을 읽고 토론하며 글을 쓰는 방법을 어딘가에 돈을 주고 배우러 다닌다. 나 또한 입시 논술을 가르쳐본 적은 있지만 글쓰기라는 것이 하루아침에 배워서 이루어지는 것이 아님을 안다. 평소 책을 많이 읽고 생각해야 한다. 어렸을 때부터 독서와 글쓰기를 가장 중요하게 생각하고 훈련받는 유대인의 삶을 아무리 공부를 한다고 해도 우리가 따라잡을 수 없는 이유이다.

'자기계발'을 하기 위해 실천하고 있는 목표도 각자 다 다를 것이다. 하지만 궁극적으로 자신의 발전을 위해서 한다는 것은 비슷할 것이다. 글쓰기를 하다 보면 내가 관심을 가지고 있는 분야를 두루 섭렵할 수 있다. 운이 좋다면 그것으로 수입을 낼 수도 있다. 그 분야는 오롯이 글쓰기가 될 수도 있고 어떤 나의 관심분야를 글로 써서 이루어질 수도 있다.

예전에 병원 홍보 차원에서 건강 관련 기사를 의뢰받아 써본 적이 있다. 일주일에 한 번 인터넷 기사로 올라가는 글이다. 글을 쓰면서 건강에 대한 상식이 넓어졌음은 물론이고 의학 용어도 많이 알게 되었다. 글을 쓰다 보니 자기계발이 절로 이루어졌다. 물론 소정의 원고료도 받았다.

요즘엔 글을 쓰면서 자기계발도 하고 돈을 받는 사람들이 늘고 있다. 그리고 그것은 누구나 할 수 있는 일이다. 글만 쓸 수 있다면 말이다. 그렇게 자신의 글을 차곡차곡 쌓아가다 보면 그 가치를 할 날이 분명히 온다. 그게 명성으로 오든 돈으로 오든 말이다.

우리가 자기계발을 하는 또 다른 이유 중에는 스트레스 해소나 힐링을 하기 위한 부분도 적지 않게 차지한다. 어떤 병원에서 주사기에 의존한 채 생명을 유지하는 환자와 보호자들에 대한 연구를 진행했다. 스트레스와 우울증에 관한 것이었다. 보호자는 63%, 환자는 33%가 반응성 우울증을 겪고 있었다. 연구자들은 이들에게 매일 사회 활동에서 겪는 소외감과 불안감, 경제적 곤란 등을 글로 쓰게 했다. 3개월 뒤 중증 우울증은 경증으로, 경증은 정상으로 회복되었다. 그리고 글쓰기에 참여한 환자의 72.5%, 보호자의 67.5%가 스트레스와 압박감이 해소되었다고 한다. 글쓰기는 정신적인 건강뿐 아니라 육체적인 건강에도 확실히 도움이 되는 것이다.

이러한 이유들도 있겠지만 개인적으로 글쓰기가 내 인생 최고의 자기계발이라고 하는 이유는 내가 추구하는 삶의 방식과 잘 맞아떨어진다는 점 때문이다. 나는 특정한 장소와 시간에 무언가를 행하는 행위가 아닌 내가 원하는 때, 내가 원하는 장소에서 일하는 삶을 지향한다. 취미는 말 할 것도 없고, 글쓰기는 종이와 펜만 있으면 장소를 불문하고 어디서나 할 수 있다.

우리는 삶에서 당장에 누릴 수 있는 행복들을 유예하면서 살아왔다. 영어만 잘하면 인생이 피겠지 하며 영어 학원에 목숨을 걸었고,

이 자격증만 따면 취업을 할 수 있을 거야 하면서 많은 시간과 돈을 낭비했다. 하지만 공부를 끝내고 자격증을 취득하면 찾아올 거라 생각했던 보장된 미래는 찾아오지 않았다.

다시는 자기계발의 명목 하에 당신에게 달콤하게 속삭이는 것들에 속아서는 안 될 것이다. 막연한 미래를 위해서 지금 누릴 수 있는 소소한 기쁨을 놓치지 말자는 이야기다.

이제껏 내가 해왔던 많은 종류의 자기계발 가운데 인생을 발전시키고 변화시킨 것이 있다면 단연 '글쓰기'라고 할 수 있다. 글을 쓰면서 내 삶의 초점을 어디에 맞춰서 살아야 되는지 알게 되었다. 나의 가치를 알게 되고 많은 성장을 이루게 됐다. 아직도 자기계발을 하기 위해 엄한 곳에서 시간과 돈을 투자하고 있는 사람이 있다면 말해주고 싶다. 지금 당장 인생 최고의 자기계발인 글쓰기를 시작하라고.

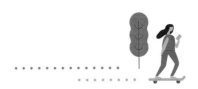

제 2 장

글쓰기가
두려운 **당신**에게

Self-Esteem Of Writing

삶의 **경험**은
어떻게 **글쓰기**가 되는가

"경로우대가 왜 있는 줄 알아?"

"그거야 나이 들면 힘이 없으니까 당연히 우대를 해줘야 하는 거 아닐까요?"

"인생을 산 경험에 대한 우대야. 얼마나 사느라 고생했겠냐. 살면서 그만큼의 지혜도 쌓이고. 우리는 그런 부분을 존중해야 하는 거야. 네가 이렇게 언니한테 와서 어떤 일로 인해 슬퍼하고 울 수 있는 거. 언니가 그만큼 인생에서 아픔을 겪어봤기 때문에 품을 수 있는 거야. 네가 지금 겪은 경험으로 너도 나중에 다른 사람을 품을 수 있게 되는 거고. 살면서 경험 없는 사람이 어디 있겠냐. 다 그렇게 사는 거다. 그리고 알아? 네 경험이 글이 되어서 나중에 비슷한 경험을 한 누군가가 읽고 힘을 얻을지."

살다보면 수많은 일과 맞닥뜨리게 된다. 그게 기쁨과 행복을 주는 일일 수도 있고 슬픔과 아픔을 주는 일일 수도 있다. 유독 내가 힘들었던 시기에 찾아가서 울 수 있는 그런 '나무'같은 언니가 있었다. 언니는 그런 나에게 항상 저 말을 해주었다. 당시에는 내게 닥친 일 때문에 정신이 없었는데, 어느 시기를 지나고 나니 저 말이 무슨 의미인지 알 수 있을 것 같았다. 그리고 사람은 아픔만큼 성숙한다는 말이 맞나보다.

대부분의 사람들이 자신의 경험을 녹여내어 글을 쓰고 싶어 하는데 어떻게 써야 할지를 잘 모른다. 그리고 글을 쓸 정도의 경험을 가지고 있지 않다고 생각한다. 하지만 인생에 경험이 없는 사람은 단 한 명도 없다. 심지어 초등학생도 사람들의 이목을 끌만한 경험을 한두 가지 정도는 가지고 있기 마련이다.

자신의 경험을 이야기로 써 보지만 무작정 쓰면 뭔가 부족해 보인다. 그렇다고 완벽하게 준비하고 나서 쓴다는 생각을 가지고 있으면 아예 시작조차 못하게 된다. 지금 이 시간 우리가 고이 간직했던 삶의 추억들을 꺼내놓고 글로 적어보자. 어렵게 생각하지 말고 편안하게 삶의 경험을 글로 쓸 때, 중요한 것은 문법이나 맞춤법, 미사여구가 아니다. 그때의 그 상황을 떠올리며 생생한 기분을 느끼기만 하면 된다.

나는 유년 시절을 들과 산으로 둘러싸인 군인 아파트에서 보냈다. 어렸을 때부터 책 읽는 것을 좋아해서 집에 있는 시간이 많았다. 내가 유일하게 놀이터에 나가는 날은 아버지께서 '강하'를 하는 날이었다. 강하는 항공기에서 낙하산을 타고 지상으로 내려오는 군사 훈련이다. 아버지는 공수부대 군인이셨다. 그래서 정기적으로 강하를 하셨다.

군인 아파트란 특성으로 부대에서 강하를 하는 날은 아파트 사람들이 전부 나와 하늘을 뚫어져라 처다본다. 하늘에 몇 대의 헬리콥터가 비행을 하다가 하나 둘 씩 군인들이 낙하산을 펼치면서 내려온다. 형형색색의 낙하산들이 하늘을 수놓는데 볼 때는 예쁘다는 생각이 든다. 하지만 내 아버지가 또는 남편이 저 낙하산을 타고 있다는 생각이 들면 예쁘다고 감탄하고 있을 수만은 없다. 나 또한 아버지가 강하를 하는 날은 늘 조마조마했다. 강하를 하고 오는 날은 좀 늦으시는데, 꼭 어딘가 다쳐서 오시기 때문이다.

당시에 군인 가족들을 위한 백일장이 있었다. 중학교 1학년 때였다. 낙하산을 타고 착지를 하다가 다쳐서 오신 아버지를 보고 느꼈던 상황에 대해 글을 썼다. 그게 내 삶의 경험을 글로 써서 상을 받은 첫 작품이다. '국방일보'에 글이 게재되었고 신문을 스크랩해서 아직까지 간직하고 있다. 지금 보면 조금 유치할 수도 있다. 하지만 그때의 상황을 글로 남겨 놓으면 그 당시의 상황을 추억할 때 솜털까지 그 감정이 전해져 온다. 이 글이 바로 그때의 글이다.

아빠! 사랑해요.

조헌주

"야, 저기 봐! 너무 멋있다." 국군 아저씨들의 낙하시범이었다.

"저 아저씨들 잘못 낙하되면 어떡하지?" 걱정되었지만 그럴 국군아저씨들이 아니었다. 나는 열심히 아저씨들을 믿고 지켜보았다. 그날 밤, 아빠께서는 평소보다 조금 늦게 들어오셨다.

"아빠, 다녀오셨습니까?" 아빠께서는 조금 피곤한 기색을 보이셨다. 그런데도 웃는 모습으로 우리들의 인사를 기쁘게 받아주셨다. 나는 즐거운 모습으로 아빠께 여러 가지를 여쭈어 보았다.

"아빠, 오늘 재미있었어요? 오늘 뭐하셨어요?" 아빠께서는 나의 지루하고 끝없는 질문에도 불구하고 여러 가지 답을 해주셨다. 그리고 나는 잠을 자러 갔다.

이상하게 잠이 오지 않았다. 물을 마시러 나왔다가 안방에서 엄마, 아빠가 대화를 하시는 것을 듣게 되었다.

"어쩌다 그렇게 다친 거예요?"

내가 오늘 재미있게 구경한 낙하를 하시다 아빠는 다치신 모양이었다. 그런데도 아빠는 우리에게 그런 모습을 보이지 않으시려고 평소대로 하신 것이었다. 나도 모르게 눈물이 나왔다. 그리고 아빠께 죄송한 마음이 들었다.

나는 밤을 지새운 채 아침을 맞았다. 아빠께서도 그날부터 밥은 못 드시고 죽만

드셨다. 나도 밥을 먹을 마음이 나지 않았다. 자꾸 눈물이 나왔다. 아침밥도 제대로 못 먹고 학교에 가야 했다. 나는 그때 아빠의 사랑을 새삼스레 마음속 깊이 느낄 수 있었다. 우리들과 언제나 같이 생활해주시며 우리들을 위해 정성과 희생을 다 쏟으시는 아빠! 우리 아빠는 비록 키는 작으시더라도 다른 아저씨들 못지 않으시다. 나는 비록 여자이지만 우리 아빠의 용감성을 본받고 싶다.

진한 푸르름이 가득한 5월, 나는 다시 한 번 아빠를 불러본다. "아빠, 사랑해요!" 나의 메아리는 어느 덧 저 파란 하늘에 녹았고, 푸른 나무들은 손을 흔들며 나에게 인사를 해준다.

이 경험이 첫 시작이 되어 글쓰기에 재미를 붙이게 됐다. 그리고 글쓰기가 어렵지 않다는 것을 알게 됐다. 삶의 경험들을 어떻게 글쓰기로 풀어낼지 막막해하는 사람들에게 다음 질문들이 도움이 되었으면 하는 바람이다. 모든 질문에 길게 답할 필요는 없다. 그냥 떠오르는 사건이나 느낌 그대로 쓰면 된다. 질문을 보고 생각나는 글이나 에피소드들을 떠올려 보고 짤막하게 적자. 그리고 써 놓은 에피소드를 가지고 최대한 많은 양의 글을 써보는 것이다. 질문에 대답하다 보면 평소에 무심히 지나쳤던 것들이 생각나기도 하고 아이디어와 통찰도 많아진다. 나의 이야기를 솔직하고 담백하게 담아낸다면 글을 읽는 사람들의 마음을 움직이는 것은 시간문제다.

1. 자신이 인생에서 가장 큰 성취감을 느꼈던 적은 언제인가?
   그때의 기분과 상황을 써보자.

2. 인생에서 가장 실패했다고 느끼는 때는 언제였고, 무엇이었나?

3. 살면서 가장 기뻤던 일은 무엇인가?

4. 살면서 가장 슬펐던 일은 무엇인가?

5. 살면서 크게 다쳐본 적이 있는가?

6. 살면서 크게 아파본 적이 있는가?

7. 살면서 가장 분노해본 적이 있는가?

8. 누군가를 짝사랑해본 적이 있는가?

9. 학창시절, 나를 열광시켰던 일은 무엇인가?

10. 좋아하는 사람에게 고백을 받아본 적이 있는가?

11. 좋아하는 사람에게 고백을 해본 적이 있는가?

12. 자신이 가장 잊지 못하는 장소가 있는가? 어떤 일이 있었는가?

13. 정말 용서하기 힘든 사람을 용서해본 적이 있는가?

14. 자신의 인생에서 가장 극적인 만남은 무엇이었나?

15. 자신의 인생에서 가장 변화를 가져다준 사건은?

과거는 우리가 밟고 지나온 삶의 기록이다. 그 과거의 경험들로 인해서 지금의 내가 있다고 해도 과언이 아니다. 생각해 보면 매 순간도 의미 없는 때가 없다. 하지만 사람들마다 겪었던 경험은 다 다르다. 그리고 그 경험들은 다 특별하다. 그런 나의 작은 경험들을 글로 써서 모아 놓으면 '내 인생의 자서전' 한 권은 뚝딱 탄생할 수 있다. 그리고 글을 읽는 사람들이 웃기도 울기도 할 수 있는 것이다. 이렇게 과거의 삶의 경험들과 마주하는 시간이 많아질수록 앞으로의 인생이 더 풍부해진다.

나는 **독서**에서
글쓰기를 배웠다

요즘 많은 사람들이 시간이 없어서 책을 못 읽는다는 말을 한다. 하지만 시간이 없다는 것은 핑계일 뿐 그만큼 간절하지 않아서라고 생각한다. 몇 년 전만 해도 지하철을 타면 책을 읽는 사람을 많이 볼 수 있었는데 이제는 손에 꼽힐 정도이다. 대부분 스마트폰을 들여다보고 있다. 책을 읽고 있는 사람을 보면 반가워서 인사라도 하고 싶어진다.

내 옆엔 항상 책이 있었다. 어렸을 때부터 책과 벗을 삼았다. 시간을 내서 책을 읽을 때도 있었지만 자투리 시간도 그냥 흘려보내지 않고 항상 책과 함께 했다. 무슨 이유에선지 모르겠지만 책을 한권 읽고 나면 인생을 다 가진 것 같았다. 그래서 틈 날 때마다 책을 읽었다.

책에 몰입하다 보면 현재 내가 처한 현실을 잊게 된다. 그 순간만큼은 뭔가 집중하고 있다는 사실에 짜릿함을 느꼈다. 그렇다고 현실을 도피하기 위해 책을 읽은 것은 아니다. 주어진 현실에서도 나름 잘 살려고 노력을 했다.

책을 읽을 때는 또 다른 나와 만나게 됐다. 학창시절에 독서를 할 때는 '내가 이 책의 주인공이라면 어떻게 행동했을까?'로 시작한 주인공에 이입되기였다. 내가 겪어보지 않은 세상을 책을 통해 접하면서 간접 경험을 하고 상상의 나래를 펼쳐나갔다. 상상의 나래를 펼치다 끝 지점에 도달했을 때는 세상에서 뭐든지 다 할 수 있을 것 같은 기분에 휩싸이곤 했다. 긍정적인 마인드는 보너스였다. 그렇게 나의 지경은 넓어져갔다.

자투리 시간으로 시작된 나의 독서는 세월이 지나면서 한 시간, 두 시간으로 점차 늘어났다. 정독하면서 마음에 하나하나 새기는 독서도 좋지만, 나는 책을 열었을 때 한 번에 다 읽는 속독을 좋아한다. 그래야 저자가 하려는 말이 무엇인지 전체적으로 파악이 된다.

그렇다고 처음부터 빨리 읽는 것을 좋아하는 것은 아니었다. 책을 읽다보니 세세하게 읽는 방법보다는 먼저 전체 내용을 파악하고 그 안에서 나에게 감동을 주었던 부분이나 내게 영향을 주었던 구절을 찾아서 마음에 새기는 독서법이 나에게 적합하다는 생각이 들었다.

예전에는 책을 읽으면서 특별히 방법이 있었던 게 아니다. 그냥 작가가 써 놓은 생각을 읽어가면서 스스로 생각하는 힘을 기르는 것이었다. 그런데 요즘에는 독서하는 방법에 관한 책을 시중에서 많이 볼 수 있다. 그만큼 독서도 전략적으로 하고 싶어 하는 사람들의 바람이 담겨 있는 것이 아닌가 싶다. 요즘 같이 너무나 빨리 변하는 세상에서는 시간이 곧 돈으로 연결되기 때문이다. 자신만의 방법을 찾아 독서에 적용할 수 있다면 인생을 두 배로 사는 방법과도 연결된다고 볼 수 있다.

김중근은 자신의 저서 《궁하면 변하고 변하면 통한다》에서 시간에 대해서 이렇게 말하고 있다.

"시간은 가장 결핍된 자원이다. 황금보다도 소중하다. 억만금으로도 단 1분의 시간조차 살 수가 없으니 말이다. 시간은 곧 생명이다."

10대, 20대 때는 시간이 나에게 영원히 주어질 것만 같았다. 하지만 시간의 유한성에 대해 누구보다 실감하고 있는 요즘이다. 아무리 돈이 많은 부자라도 시간은 살 수 없다. 하지만 그들은 어린 시절부터 시간의 중요성에 대해 확실하게 인식을 하고 살았다는 것이 공통점이다. 그래서 남들보다는 부를 빨리 이루면서 똑같이 주어진 시간을 두 배로 살고 있다. 부자들의 또 하나의 공통점은 독서를 쉬지 않는다는 것이다. 그리고 독서를 통해서 자신의 인생을 바꿔 갔다는 것이다.

독서도 성향에 따라서 하는 방법이 달라질 수 있다. 자신의 성향을 파악하고 나면 어떤 독서 방법이 맞는지 본인이 알 수 있다. 예를 들어 나는 나무보다는 숲을 보는 성격이다. 전체의 틀을 잡고 세부적으로 나가면서 의미들을 파악한다. 이 성향은 독서뿐 아니라 어떤 일을 처리할 때도 적용이 된다.

하지만 지인들 중에는 일단 세세하게 조금씩 순서대로 해나가는 성격을 가진 분들도 있다. 독서뿐 아니라 삶의 방식에서도 나무를 보며 하나하나 해나가면서 숲으로 나아가는 성향의 사람들이다. 신기하게도 나와 친하게 지내는 사람을 보면 이런 성향을 지닌 사람들이 많다.

처음에 독서를 할 때 나는 책을 읽는 그 자체를 즐겼다. 그리고 한 권을 다 읽었을 때는 성취감으로 뿌듯했다. 그런데 점점 독서를 하면서 '깨달음을 얻으면 좋겠다.'라고 생각을 하게 됐다. 그래서 한 권의 책을 다 읽고 났을 때 책이 주는 느낌을 한 줄로 적기 시작했다. 한 줄로 시작되었던 나의 글은 어느덧 세 줄, 다섯줄이 되었다. 어느 순간, 느낌을 표현하는 것만으로는 뭔가 부족하다는 생각이 들었고 책에 담긴 내용을 요약하기 시작했다. 그렇게 나는 하나의 독서 감상문을 쓸 수 있었다.

독서 감상문을 쓰라고 하면 어렵게 생각하는 사람들이 있다. 책 읽는 것도 어려운데 어떻게 독서 감상문을 쓰냐는 사람들에게 나는 책을 읽고 '단 한 줄'만 써보라고 말하고 싶다. 만약 그 한 줄조차 어렵다면 책에서 가장 인상 깊었던 문장 한 줄만 메모하라고 하고 싶다. 글을 쓸 때 내 생각으로만 쓰려고 한다면 그보다 더 어렵고 고통스러운 일은 없기 때문이다.

나는 독서를 할 때 마음에 꽂히는 글귀가 있으면 그 자리에서 줄을 치고 메모지에 적는다. 메모지가 없을 때는 휴대폰을 꺼내 메시지로 남겨 놓는다. 그렇게 하면 나에게 편지를 보내는 것 같은 기분에 마음이 흐뭇해지고 나중에 그 글귀를 읽었을 때는 책을 읽었을 때와는 또 다른 감성과 마주하게 된다. 그렇게 하나의 글귀를 통해서도 두 배의 감정을 느낄 수 있다.

좋은 글귀들은 나의 '보물찾기'라는 노트에 적어 놓는다. 적다 보면 글귀를 보면서 생각나는 사람이 있다. 그러면 바로 그 글귀를 휴대폰 메시지로 보낸다. 좋은 글을 공유하며 함께 나누는 기쁨은 배가 된다. 글을 쓸 때 좀처럼 진도가 나가지 않을 때는 그 노트를 꺼낸다. 무의식적으로 보고 있으면 아이디어들이 샘솟기도 하고 때로는 그 글귀들로 인해 나의 글에 풍부한 맛이 더해진다. 그리고 누군가가 자신에게 꼭 필요한 말이라고 했을 때는 나의 자존감이 한껏 높아진다.

나는 책을 읽고 나서 좋은 구절들을 아로새기고자 하는 마음에서 적기 시작했고 거기에 좋은 대목을 친구들에게 소개하면 좋겠다는 생각이 더해졌다. 그러면서 내 생각들을 글로 표현할 수 있었다. 나의 초기 독서 습관이 감성을 자극하고 깨달음을 얻기 위한 것이었다면, 지금의 독서는 더 나아가서 나의 글을 쓰기 위함이 됐다.

독서를 통해서 문장의 구조와 감각을 익혔다. 그래서 글쓰기가 쉬웠고 좀 더 잘 쓸 수 있게 됐다. 이제는 내 생각을 뒷받침해줄 사례들을 찾으면서 열심히 독서를 한다. 어떤 책이라도 마음을 움직이는 '단 한 줄'은 가지고 있기 때문이다. 그 한 줄을 찾기 위해 나는 책을 읽는다. 그리고 쓴다. 그렇게 나의 글에 풍부함이 더해져갔다.

우리나라 교육은 어떤 과목에서건 '정답 찾기' 놀이에 빠져 있는 것을 볼 수 있다. 인생에서도 정답을 강요하고 책을 읽을 때조차도 저자가 말하는 게 무엇일까 하는 정답 찾기에 혈안이 되어 있다. 그 강박관념에서 조금만 빠져나온다면 독서가 즐거워질 것이다. 그리고 글쓰기가 조금은 쉽고 재밌어질 것이다.

글쓰기에 관한
얇고 넓은 **지식**

　우리가 글을 쓰는 이유는 무엇일까? 글을 통해 다른 사람에게 나의 생각을 전달하기 위함일 것이다. 그렇게 서로 생각을 나누고 공감할 때 우리는 '소통'을 한다고 한다. 글로 타인과 소통을 할 수도 있지만 나 자신과 소통을 할 수도 있다. 타인과 소통하기 위해서 필요한 것은 글을 쓰는 '언어'만은 아닐 것이다. 소통할 수 있는 이야기 거리가 받침이 되어야 하고 공감대가 형성이 되어야 한다. 우리가 얇고 넓게 가지고 있는 지식과 내가 했던 경험들이 그것을 가능하게 만든다. 그리고 그것들이 '글쓰기'라는 바다에서 항해할 때 안전한 돛을 올릴 수 있게 해준다.

　물론 '말'로도 우리는 소통을 할 수 있다. 말은 하기도 편하고 즉석에서 피드백이 오간다는 장점이 있다. 하지만 나는 말보다 글을 더 선호한다. 말은 간혹 사람들에게 상처를 줄 수도 있다. 하지만 글은 사유와 성찰이 없이 쓰기가 힘들다. 그래서 한번 검증이 된다고 말할 수 있다.

많은 글쓰기 전문가들이 "글쓰기에 방법은 없다. 그냥 스스로 많이 쓰는 수밖에 없다."라고 말한다. 그럼에도 불구하고 사람들은 여전히 글을 쓰기 위해 '글쓰기 강좌'를 찾아다닌다. 글쓰기 강좌에 등록을 한다는 것은 돈을 주고 글을 쓸 시간을 확보하겠다는 의지로 해석된다. 그리고 목표를 위한 시간을 단축할 수가 있다. 결국 글을 쓰는 것은 본인이지만 동기부여가 되는 것도 중요하기 때문이다. 그렇게 해서 글을 쓰기 위한 의지를 끌어 올리고 유지할 수 있는 힘이 된다면 강좌에 등록해서 글을 쓰는 방법도 나쁘지 않다고 생각한다.

일단 글을 지치지 않고 잘 쓰기 위해선 자신의 스타일을 알아야 할 것이다. '글쓰기'란 것이 소통을 위함이라고는 했지만 '나를 찾는 여행'이 될 수도 있기 때문이다. '나'라는 존재가 말하고자 하는 것을 쓰는 것이기 때문에 나의 스타일을 알면 많은 도움이 된다. 낯선 곳으로 여행을 할 때 패키지여행이 맞는 사람이 있고 자유로운 배낭여행이 맞는 사람이 있다. 여행 장소에 따라서 달라질 수도 있지만 본질적으로 선호하는 자신의 스타일을 찾자는 이야기다. 어떤 사람은 '글쓰기'를 시작할 때 완벽하게 구조를 짜고 시작할 것이다. 또 다른 유형의 사람은 그냥 자유롭게 생각나는 대로 써나갈 것이다. 자신의 유형을 알고 가면 제대로 된 글쓰기 여행을 즐길 수 있다.

나는 여행이고 글쓰기고 자유로운 것을 추구하는 사람이다. 매 번 자유여행만 하다가 한 번은 패키지여행을 신청해서 다녀온 적이 있다. 색다른 느낌을 갖고 싶어서다. 거기에서 느낀 것은 역시 아닌 건 아닌 거다. 나는 내가 하고 싶은 것을 해야 하고 있고 싶은 곳에서 좀 더 머물러야 한다. 하지만 패키지여행에서는 그렇게 할 수가 없다.

글을 쓸 때도 완벽하게 구조를 짜놓고 글을 쓰면 주제가 옆으로 새는 것을 방지하고 좋긴 한데 뭔가 답답한 느낌이 든다. 갇힌 공간에서 뛰어 놀고 있는 듯한……. 뛰어 놀려면 시야가 확 트인 넓은 장소가 필요한 법이다. 이렇게 먼저 자신의 스타일을 파악하고 글쓰기에 임한다면 글쓰기가 조금은 쉬워진다.

나는 처음 글을 쓰려고 하는 사람에게 어떤 형식에 구애받지 않고 있는 그대로 풀어놓는 자유로운 글쓰기를 추천한다. 의식의 흐름을 따라서 생각이 나는 대로 글을 써나가는 것이다. 중요한 건 시간을 정해놓고 꾸준히 훈련해야 한다는 것이다. 하루에 십 분이든 이십 분이든 시간을 정해놓고 그 시간만큼은 글쓰기에 온전히 집중해서 멈추지 않고 써야 한다. 그렇게 훈련을 하다보면 감정적으로 글을 쓰고 싶지 않은 날에도 글을 쓸 수 있는 힘이 생긴다.

자유롭게 써간다고는 하지만 때로는 주제 앞에서 물음표만 던지고 있을 때도 있을 것이다. 그럴 때는 글쓰기를 포기하고 과감하게 '딴 짓'을 추천한다. 실제로 나도 그렇게 한다. 관심 분야의 책을 읽거나 '강의'를 듣는다. 그렇게 마음을 풀어놓다 보면 어느 순간 글을 써야겠다는 마음이 용솟음친다. 그때 글쓰기를 시작하는 것도 늦지 않다. 오히려 쓸 내용이 술술 떠오르는 것을 경험할 수 있다.

글쓰기의 주제에 대해서는 아무 제한이 없다. 내 눈앞에 보이는 모든 사물이 주제가 될 수 있다. 그리고 내가 살면서 겪은 경험들로 글을 쓸 수도 있다. 하지만 중요한 것은 글을 쓸 때 내가 아는 지식에 한해서 글을 쓸 수 있다는 것이다. 그래서 공부가 필수이다. 인생에 대한 공부든 지식에 대한 공부든 말이다. 어디서 글을 쓰고자 하는 관심 주제가 생길지 모른다. 눈을 크게 뜨고 귀를 쫑긋 세우다 보면 주제 찾기는 쉽다. 그렇게 쓸 주체를 찾았다면 자신에 대한 믿음을 가져야 한다. 나 자신의 이야기를 쓰는 것에서는 내가 최고라는 사실을 인정하자. 그래야 공부를 해서 써야 하는 글일지라도 나만의 색깔을 입혀 풀어낼 수 있는 것이다.

총 15권의 시리즈로 구성된 《로마인 이야기》를 쓴 작가 시오노 나나미는 일본 도쿄에서 태어났다. 그녀는 고교시절에 《일리아드》를 읽고 그리스로마 문명에 지대한 관심을 갖게 된다. 대학을 졸업한 그녀는 《일리아드》의 고향 이탈리아로 건너가서 혼자 고전 공부에 몰두한다. 30년간 말이다. 그 이후 시오노 나나미는 1년에 한 권씩 책을 써낸다.

《로마인 이야기》가 첫 출간됐을 때 그녀는 1년에 한 권씩 15년간 시리즈로 내겠다고 공표한다. 그리고 실제로 1992년부터 2006년까지 매년 한 권씩 총 15권의 《로마인 이야기》가 출판된다. 스스로에 대한 믿음과 확신이 없었다면 불가능한 일이다. 어떤 주제를 선정하고 글을 쓰기 시작했다면 할 수 있다는 자신감과 믿음을 갖는 것은 필수이다. 그 원동력으로 세상을 변화시킬 일생일대의 대작을 남길 수도 있는 것이다.

글을 쓸 수 있다는 믿음과 자신감이 바탕이 되었다면 '나'를 잘 드러낼 줄 알아야 한다. 나는 사람들이 나를 인정하고 알아주길 바라면서도 나를 드러내려고 하지 않았다. 하지만 본격적으로 '글쓰기'를 하면서 변화되었다. 나의 의식이 변화되고 생각이 변화되고 행동이 변화되었다.

글을 쓰는 것이야말로 타인들 속에서 나의 고유한 가치를 부각시키기에 더없이 좋은 도구다. 우리는 최고의 도구를 잘 이용할 줄 알아야 한다. 기존에 가지고 있는 정보와 지식에 나의 생각을 덧입혀서 새로운 것으로 창조해야 한다. 그래서 글쓰기에서 '나'라는 주인의식이 중요해진 것이다.

또 한 가지, 나라는 주인이 가진 생각들을 제대로 전달하기 위해선 글을 쓰는 목적을 분명히 하고 명확하게 써야 한다. 자유로운 글쓰기에 대해 훈련이 제대로 이루어졌다면 이제 외형을 잡아나가야 한다. 바로 글의 구성을 말하는 것이다. 같은 음식이라도 플레이팅을 어떻게 하느냐에 따라 좀 더 먹고 싶은 음식이 된다. 글도 읽기 쉽게 외형을 잘 다듬어야 한다.

많이 읽고 쓰다 보면 글의 구성이 잡히는 건 명백한 사실이다. 하지만 그래도 의식적으로 노력을 하면서 쓰는 연습을 해야 할 것이다. 자신의 생각만 너무 나열해서 지루함을 주지 않게 적절한 곳에 나의 사례들도 넣어 재미를 줘야 할 것이다. 그렇게 쓸 때 글에 대한 설득력이 조금은 높아진다.

이렇게 '글쓰기'에 관한 나의 지식들을 넓고 얇게 풀어 놓았다. 글을 쓰려고 하는 사람에게 겨자씨만한 도움이라도 되었으면 하는 바람이다.

글쓰기는
타고나는 것이 아니다

"글재주가 있어서 좋겠어요." 방송작가라고 하면 사람들은 대뜸 이렇게 말한다. 그러면서 덧붙이는 말이 "어떻게 해야 글을 잘 써요? 글을 쓰고 싶은데 방법을 모르겠어요."이다. 많은 사람이 글을 잘 쓰고 싶어 하면서 그에 대한 노력을 하지 않는다. 그냥 막연히 글을 잘 썼으면 좋겠다고 생각만 한다. 글을 잘 쓰려면 재능이 있어야 한다고 여기며 타고난 사람들이 쓰는 것이라고 치부해버린다. 그리고 쓰려는 시도를 하지 않는다.

내가 글쓰기에 '재능'이 있다고 생각해본 적은 없다. 그리고 글쓰기는 재능이 아니다. 글쓰기도 노력하고 연습하면 잘할 수 있는 하나의 '기술'이다. 어쩌면 나 같은 경우는 내가 좋아하는 것들이 글쓰기와 밀접한 관련이 있어서 자연스럽게 훈련이 된 것일 수 있다. 책 읽기와 글씨를 쓰는 것 등의 일들 말이다. 어떤 것을 잘할 수 있다는 것은 얼마나 그 환경에 노출이 되느냐에 따라 달라질 수 있기 때문이다. 사람마다 주어진 재능이 다르듯 남들보다 '감'이 발달해서 조금은 수월하게 할 수는 있겠지만 절대 연습과 노력 없이는 잘할 수 없다.

나는 청소는 잘하는데, 요리는 잘 못한다. 그래서 요리에 재능이 없다고 생각하고 시도조차 해보려고 하지 않았다. 음식을 하는 것은 항상 엄마나 언니들의 몫이었다. 대신 나는 설거지 같은 뒤처리를 담당했다. 나의 강점을 더 살리자는 주의였다. 그러던 어느 날 TV를 보다가 채널을 돌렸는데, 요리 프로그램이 나왔다. 나는 평소 예능 프로그램을 좋아하지 않아 잘 보진 않는다. 그런데 그날은 유독 내 눈을 사로잡았다. 보다보니 요리가 재미있어 보였고 나도 할 수 있을 것 같았다. 나는 그 자리에서 음식 만드는 법을 메모했다. 나중에 적어놓은 요리법대로 시도를 해보았다. 그럴 듯한 음식을 만들 수 있었다.

무엇보다 요리를 만들어서 누군가가 맛있게 먹으니 기분이 좋았다. 누군가에게는 당연하고 쉬운 일일 수도 있는 이 행위가 나에게는 특별한 일이었다. 그리고 굉장한 성취감을 느꼈다. 나는 수치화된 양념을 그대로 따라서 넣었지만 요리를 잘하는 사람들은 본인의 '감'대로 양념을 한다고 했다. 신기했다. 어쩌면 내가 글을 쓴다고 할 때, 남들의 반응이 이렇겠구나 하는 생각이 들었다.

우리는 자신이 원하는 무언가를 배울 때 그 배움의 환경으로 적극적으로 들어간다. 처음에는 누구나 다 잘하지는 못한다. 하지만 그 배움의 시간에 투자한 만큼 결과를 얻는다. 일단은 관심을 갖는 것이 중요하다. 관심을 가지고 적극적으로 환경을 만들고 실천하면서 노력하면 누구나 원하는 경지에 다다를 수 있다. 중요한 것은 중도에 포기하지 않는 마음이다. 요리를 배우는 일처럼 말이다.

글쓰기도 마찬가지다. 처음부터 '짠'하고 나타나서 능력을 주는 것이 아니다. 나는 기쁠 때, 슬플 때, 외로울 때, 괴로울 때 '글쓰기'를 친구 삼았다. 계속 가까이서 쉬지 않고 하니 익숙해지고 재미있어지지 않는가! 아직 잘한다고는 스스로 말할 수는 없지만 말이다.

나의 감정을 꺼내놓기 위해, 또는 꿈을 꾸기 위해 글을 쓰지만 글을 쓰면서 희로애락이란 감정을 또한 경험한다. 키보드와 무아지경이 되어 글이 막힘없이 술술 써질 때는 이루 말할 수 없는 기쁨이 느껴지지만, 단 한 줄도 쓸 수 없을 때는 화가 난다. 내가 쓴 글을 다시 읽어보고 '내 글 솜씨가 이거밖에 안 되나?' 생각이 될 때는 슬프기도 하고, 다 상관없고 글을 쓰면서 그냥 내가 즐거운 경우도 있다. 이렇게 써놓고 보니 정말 대책 없는 감정을 가진 여자 같다.

하지만 그 어떤 감정도 들지 않는 날이 있다. 무념무상. 흰 백지의 모니터를 보고 있는데 그냥 내 머릿속도 새하얗다. 그런 날은 그냥 책을 읽는다. 책도 여러 가지 종류의 책이 있다. 정보를 주는 책, 마인드 업을 시켜주는 책, 꿈을 꾸게 하는 책, 우울하게 하는 책 등 여러 종류가 있으니 책도 잘 골라서 읽어야 한다. 어느 때는 마음을 비우고 책을 읽다가 아이디어가 생각나는 경우가 있다. 그럴 때는 '유레카'를 외치고 과감하게 책을 덮고 글쓰기의 바다에 빠져도 된다. 쓰다가 더 이상 생각이 나지 않는다면 또 마음 편히 책을 읽으면 된다. 조바심을 갖지 않아도 된다는 이야기다.

많은 사람이 '글쓰기는 타고나는 것이 아니다'라고 말하면서 엉덩이의 힘을 강조하곤 한다. 천재 작가라고 불리는 다수의 사람도 소싯적엔 글쓰기에 재능이 없다는 소리를 들었다고 한다. 하지만 그들은 그 말에 휘둘리지 않고 앉아서 계속 썼고 사람들에게 인정받는 작가가 되었다. 결국 해낸 것이다. 그러고 보면 열정과 인내력이 재능을 이긴다는 말이 맞는 것 같다.

그에 비해 나는 엉덩이가 가벼운 여자였다. 가만히 앉아 있지 못하고 오래 글 쓰는 것은 더더욱 하지 못했다. 그런 나를 잘 알아서 '작가의 삶'을 바라지도 욕심내지도 않았다. 그런데 지금 나는 아침부터 밤 12시가 되어가는 이 시간까지 오로지 글쓰기에 집중하고 있다. 가끔 딴 짓을 할 때도 있지만 그 딴 짓조차도 글을 쓰기 위함이다.

목표가 생기니 간절해졌고 간절하니 행동하게 된 것이다. 글쓰기는 천재적인 재능이 있거나 하루 종일 앉아 있을 수 있는 인내력이 있는 사람이 쓸 수 있는 것이라고 생각했는데, 나 같은 보통 사람도 '작가 놀이'를 하고 있다. 그것도 아주 재미있고 찐하게 말이다.

육체적인 통증이 오는 건 무시할 수 없다. 하지만 그 통증조차 마땅히 나와 함께 가야 할 친구라고 생각한다. 그렇게 생각하니 마음이 좀 편해진다. 글을 다 썼을 때의 나에게 오는 희열과 성취감에 비하면 지금의 고통은 아무것도 아닐 테니까. 썼다, 지웠다 반복하는 이 시간에 무심히 지나쳤던 책 속의 한 구절이 마음속에 와서 박힌다. 아일랜드 작가 사무엘 베케트가 한 말이다.

"시도했다. 실패했다. 상관없다. 다시 시도하라. 더 잘 실패하라."

중요한 것은 실패와 성공이 아니다. 시도를 했느냐 안했느냐의 문제. 더 정확하게 얘기하면 글을 썼느냐 안 썼느냐의 문제다. 글쓰기의 궁극적인 목적은 나의 생각과 감정을 표현해 다른 사람과 함께 나누는 것이다. 태어나면서부터 글을 잘 쓰는 사람은 없다. 마음에 드는 한 문장을 위해 수많은 시간을 들여 생각과 고민을 하며 공을 들인다. 중요한 건 끝까지 가겠다는 의지다. 그 의지만 있으면 누구나 글은 잘 쓸 수 있다.

의지는 장착이 되었는데, 고민은 끊이지 않는다. 글을 쓸 때 또 하나의 고민은 소재에 대한 고민이다. 대부분의 사람이 쓸 거리가 없다고 한다. 하지만 태양 아래 새로운 소재는 없다는 것을 기억하자. 평범한 소재들도 어떻게 맛있게 쓰느냐에 따라 특별해질 수 있다. 있는 소재들을 배치도 해보고 조합도 해보고 비틀기도 하면서 버무려보는 것이다. 솔직히 재료보다는 어떻게 풀어가느냐가 관건이다. 삶에 항상 호기심을 가지고 대하면 쓸 거리는 넘쳐난다.

이러니저러니 해도 글을 쓴다는 것은 특권을 가진 느낌이다. 글을 쓸 수 있는 나는 운 좋은 사람이라는 생각이 든다. 그리고 온몸이 부서질 것 같은 지금 '글쓰기는 타고나는 것이 아니라 그냥 쓰는 사람의 것'이라고 말하고 싶다. 그렇게 말할 수 있는 자격이 충분하다고 본다. 적어도 이 글을 쓰고 있는 지금 이 순간만큼은 말이다.

글쓰기에
완벽함은 없다

무슨 일이든 완벽히 해내야 하는 사람들이 있다. 이런 '완벽주의' 성향을 가진 사람들은 시작을 쉽게 못한다. 자신에게 관대하지 못하고 일을 하는 중에도 계속 자신에게 채찍질을 한다. 완벽해지기 위한 방법을 계속 연구하다가 확신이 섰을 때 비로소 움직이고 실행한다. 이게 바로 나의 모습이다. 다른 일에는 그렇지 않았는데, 오직 '글쓰기'에 있어서는 유별났다.

잘 쓰려는 마음을 가지고 시작하다보니 오히려 글을 쓸 내용들이 생각나지 않았던 적이 많다. 잘 쓰려는 마음이 의식의 흐름을 방해한 것이다. 나는 내가 항상 창의력이 부족하다는 생각을 했다. 어쩌면 창의성이라는 것도 함부로 판단할 수 없는 것인데, 내가 나 스스로 창의성이 없는 사람으로 못 박았는지도 모르겠다. 그래서 항상 글을 쓸 때도 시작하기까지 오랜 시간이 걸렸다. 그리고 참고할만한 글을 많이 의지했다. 내 글에 대한 확신이 없었던 것이다. 기존에 있는 글들을 조합하고 요약하는 것은 어렵지 않았다. 하지만 백지 상태에서 글을 시작하려고 하면 막막함이 느껴졌다.

어쩌면 이런 나의 글쓰기 습관들은 방송작가를 하면서 고착화되었을 수 있다. 방송 대본을 쓰다보면 내 생각으로 쓰는 것은 한계가 있다. 방송은 어떤 분야에서 재미와 감동 그리고 정보까지 주어야 하기 때문이다. 정보를 주기 위해 충분한 자료조사를 해야만 한다. 내용뿐 아니라 출연자들에 대해서도 말이다. 그 자료를 바탕으로 구성을 하고 대본을 쓴다. 그러다보니 글을 쓸 자료들이 없으면 아예 시작을 하지 못했다. 또한 완벽한 대본을 써야 한다는 강박관념이 '글쓰기'에서 나를 자유롭지 못하게 했다.

나는 어렸을 때부터 남 앞에 서서 말한다는 것에 굉장한 부담감이 있었다. 사람들이 나를 다 주목하고 있다는 사실에 얼굴은 빨개지고 억양은 떨렸다. 앞에서 발표를 할 수 있다는 것은 뭔가 완벽하게 말할 거리가 정리되어 있지 않으면 할 수 없는 일이라고 생각했다. 그런데 나는 항상 생각이 정리되지 않았다. 그래서 글을 쓰는 게 더 편하게 다가왔는지도 모른다. 글을 쓸 때는 정리가 되지 않아도 내 마음대로 쓸 수 있으니까. 글을 쓰다 보면 생각이 정리가 되니까.

남 앞에 서서 말하는 직업을 가져야겠다고 생각해본 적은 없다. 모든 준비가 되어 있어야 일을 할 수 있다고 생각했던 나였다. 그

준비를 하기 위해 학교에서 내가 하고 싶은 일에 대한 공부를 하고 관련된 자격증을 따기 위해 노력했다. 그리고 그런 자격이 밑바탕이 된 뒤에야 일을 할 수 있다고 생각했다. 그런데 그런 준비가 완벽히 되지 않았을 때 사람들 앞에서 가르칠 수 있는 두 번의 기회가 왔다. 한 번은 뮤지컬을 전공하기 시작했을 때 아이들에게 영어 뮤지컬을 가르치는 일이었고, 다른 한 번은 복지관에서 어르신들께 영어를 가르치는 일이었다.

나는 영어를 전공하지 않았다. 하지만 다른 나라 '언어'에 대한 호기심은 어렸을 때부터 왕성했다. 어렸을 때는 외국에 한 번이라도 나갔다 온 아이들이 부러웠다. 그리고 항상 더 넓은 세상으로 나가리라는 꿈을 꿨다. 언어에서 자유로워지길 소망했다. 어린 시절의 호기심은 열정으로 이어졌고 내 스스로 선택하는 삶을 살 수 있었던 20대부터는 영어를 손에서 놓지 않았다. 그리고 언니의 대학 전공이 '영어교육'이어서 가까이서 언니의 학습을 도우며 나도 영어교육에 한발 가까워졌다. 그리고 언니와 함께 테솔TESOL자격증을 취득할 수 있었다.

이 두 기회 모두 완벽하게 내가 강의를 잘할 수 있을 때 시작한다고 생각했으면 놓쳤을 것이다. 하지만 나는 경험을 쌓자는 생각으로 일을 시작했고 처음부터 잘하는 사람은 없다는 생각으로 나를 다독였다. 처음에는 조금 힘들었지만 계속하다 보니 나만의 노하우도 생기고 '잘' 하게 되었다. 무엇보다 자신감이 생긴 것이 큰 수확이다. 처음부터 완벽한 사람은 없다. 그냥 묵묵히 하다 보면 잘할 수 있게 되는 것이다.

글쓰기도 이와 마찬가지다. 어떤 사람은 완벽하게 글을 쓰기 위해 글쓰기 강좌를 찾아다니고 자격증을 따고 글쓰기에 대해 마스터를 한 뒤에 쓰겠다고 한다. 하지만 완벽한 글쓰기가 어디 있겠는가! 완벽하게 잘 쓰려고 하는 순간 오히려 글이 써지지 않는다는 것을 나는 누구보다 잘 안다. 그런 마음을 비우고 하얀 종이 위에 글씨만 채워간다 생각하고 쓰면 오히려 쉽게 풀리는 경우가 있다.

그 어떤 생각과 부담은 거둬내고 입에서 나오는 말을 적는다는 느낌으로 글을 써보자. 그리고 친구한테 메시지를 보낸다는 생각으로 글을 써보자. 우리는 생활 속에서 무의식중에 '글쓰기'라는 행위를 아주 많이 하고 있다. 하지만 글쓰기라고 말이 붙는 순간 이상하게 그 앞에서 얼어버린다.

어떤 형식에도 얽매이지 말고 가장 나다운 말투도 써보는 거다. 나만의 글쓰기는 어떤 재능도 솜씨도 필요 없다. 굳이 잘 쓰려고 애쓸 필요도 없고 완벽해질 이유는 더더욱 없다. 그저 자연스럽게 내가 말하는 걸 받아 적는다는 생각으로 글을 써간다면 하루 한 장은 거뜬히 채우고도 남을 것이다.

고향을 떠나 서울에서 살면서 나답게 살 수 있었던 것은 아는 사람이 없어서였다. 아는 사람, 보는 눈들이 있을 때는 잘 사는 모습을 보여줘야 하기 때문에 조금은 자유롭지 못하다. 사람들이 외국에 나가서 마음 편히 자신의 삶을 즐길 수 있는 것은 이런 이유와 비슷할 것이다. 외국에서는 누구에게 보이기 위한 삶이 아니라 그냥 나라는 사람의 가치대로 살아갈 수 있기 때문이다. 굳이 남에게 크게 관심을 두지 않는다.

메이크업을 하지 않아도 근사한 옷을 입지 않아도 '나'라는 사람의 가치는 그대로다. 사람의 향기란 그 사람의 외모에서 나오는 것이 아니라 내면에서 나오기 때문이다. 그리고 사람에게 완벽한 것은 없다. 그저 '다름'만 있을 뿐이지.

시험 문화에 익숙한 우리들은 어떤 것에도 점수를 매기려고 한다. 그리고 100점 만점이라는 완벽한 점수를 향해 달려간다. '글'도 점수로 환산하려고 하지만, 글은 절대 환산될 수 없는 값어치라는 것을 인식하길 바란다. 우리는 항상 본질적인 면에 대해 생각해야 한다. 인생에서의 본질은 '나 다운 삶을 사는 것'이고, 글쓰기의 목적은 사람들에게 감동을 주고 설득을 하기 위해 내 목소리를 내는 것이다. 굳이 잘 쓰려고 애를 쓸 필요가 없다는 말이다.

내 생각대로 거침없이 글을 써갔던 어린 시절의 글쓰기는 참 즐거운 일이었다. 값지고 소중했다. 어느 순간 많은 자료조사를 하고 자료가 없으면 글이 써지지 않는다는 느낌을 받으면서 글 쓰는 게 더 이상 즐겁지 않았다. 그리고 그것을 인지하지 못했다. 메인 작가나 PD에게 평가를 받아야 하는 글을 써야 하니 글 쓰는 속도는 더뎌졌고 나답게 쓰지 못하게 되었다. 하지만 거기서 벗어나 진정 내 목소리에 귀를 기울이고 내가 쓰고 싶은 글들을 쓰면서 다시 행복감을 찾을 수 있었다.

사람들은 굳이 '글을 잘 쓰는 사람'과 '글을 못 쓰는 사람'으로 구분

해서 말하고 있다. 하지만 세상에는 '글을 쓰는 사람'과 '글을 쓰지 않는 사람'이 있을 뿐이다. 그리고 글을 쓰는 사람은 완벽한 글을 쓰겠다는 생각을 버려야 한다. 다시 한 번 말하지만 글쓰기에 완벽함은 없다. 오직 '쓰는 사람의 향기'만 있을 뿐이다.

딱 **한 문장**만
써라

어떤 일을 시작하기 전에 두려움이 생기는 이유는 무엇일까? 처음 해보는 일이어서 그럴 수 있다. 또는 그 일을 성취해본 경험이 없어서일 것이다. 하지만 어떤 일에서든지 자신의 노력으로 성취해본 경험이 있는 사람은 전혀 생소한 분야의 일에 도전할 때도 두려워하지 않는다.

글을 쓸 때 대부분의 사람은 아무것도 채워지지 않은 하얀 종이 앞에서 겁부터 낸다. "어떻게 쓰는지도 모르고 쓸 말도 없어." 하면서. 하지만 생각해보자. 오늘 친구와 문자 메시지를 얼마나 주고받았는지 그리고 업무 메일은 또 얼마나 보냈는지. 우리는 이미 일상생활 속에서 글쓰기 연습을 굉장히 많이 하고 있다. 하지만 글을 쓰려고 할 때 막막하다는 사람들이 많다.

1000개 퍼즐 맞추기 판이 유행했던 적이 있었다. 거리를 가다가 굉장히 큰 퍼즐 판을 파는 것을 보고 '어느 세월에 저걸 다 맞추나?' 하는 생각을 한 적이 있다. 그런데 정말 신기하게도 그 다음날 언니가 퍼즐 판을 딱하니 들고 나타났다. 구매한 것이라면 당장이라도 반품을 하라고 하고 싶었다. 그런데 선물을 받았다고 했다. 집에 걸어 놓을 자리도 마땅치 않았을 뿐 아니라 저 많은 것을 언제 완성할까 하는 마음이 컸기 때문이다.

아무리 두뇌 활동에 좋다고는 하지만 나는 실용성 없이 방에 자리만 차지하며 바라만 봐야 하는 물건들을 좋아하지 않는다. 그나마 다행이었던 것은 퍼즐 판이 내가 좋아하는 반 고흐의 작품 '별이 빛나는 밤'이었다는 것이다. 퍼즐 판은 집에 온 순간 흐트러졌고, 나는 흐트러진 게 싫어서 퍼즐을 하나하나 맞추기 시작했다. 그런데 불평하면서 시작했던 퍼즐 맞추기는 어느덧 나와 물아일체가 되어 있었다. 나는 결국 그 퍼즐 판을 다 완성하였고 뭔지 모를 마음에 성취감과 희열을 느꼈다. 그리고 자신이 직접 해보기 전에는 그 어떤 것도 단정할 수 없다는 것을 알았다.

글쓰기도 이와 같지 않을까 한다. 하나의 완성된 글도 한 문장, 한 문장으로 구성되어 있다. 한 문장들이 퍼즐 한 조각이라고 생각한다면 쉬울 것이다. 퍼즐 한 조각, 한 조각 맞추다보면 전체 그림을 감상할 수 있게 되는 것처럼 한 문장씩 쓰다보면 완성된 글과 마주할 수 있게 된다.

처음에 빈 종이와 마주했을 때 무엇부터 써야 할까 두려움과 고민만 앞설 수 있다. 하지만 글쓰기에 대한 무거운 마음을 내려놓는다면 쓸 거리는 무궁무진하다. 친구와 나누었던 대화도 좋고 간밤에 꿨던 꿈이어도 좋다. 내가 지금 고민하거나 생각하고 있는 것을 쓸 수도 있다. 어떤 종류라도 상관없으니 첫 발걸음을 떼는 게 중요하다. 누가 자신의 글을 볼 것이라는 생각도 지워버리고 본인이 하고 싶은 말에 충실해서 마음의 소리를 따라서 글을 써가는 것이다. 형식에 구애받지 말고 가벼운 글쓰기 속에서 힘들이지 않는 법을 배워야 한다.

나는 다른 나라 언어를 배우는 것을 좋아한다. 어느 날, 스페인어를 하고 싶다는 생각이 들어 수강을 한 적이 있다. 그때 일을 하느라 바빠서 공부를 제대로 할 수 없었던 나는 스페인어를 하루에 한 문장씩만 쓰고 외우기로 결심했다. 한 문장 외우는 것은 어려운 일은 아니다. 꾸준히 하는 게 어려운 거지. 일 때문에 수업에 빠지는 날도 있었지만 항상 마음에 새기고 있었더니 실천할 수 있었다. 비록 작심삼일이 되더라도 작심삼일을 계속 반복하면 된다. 시간을 정해 놓고 하루하루 체크하는 것도 도움이 된다. 더디 가는 느낌이 들어도 습관은 절체절명의 순간에 그 능력이 발휘가 된다.

한 문장을 쓴다는 것은 나의 두려움과 직면한다는 뜻이다. 그리고 그것으로 인해 자신이 진짜 원하는 게 무엇인지 찾을 수 있게 된다. 종이 위에 글을 쓰다 보면 내면을 들여다 볼 수 있기 때문이다. 그렇게 작은 용기를 내어 한 문장을 쓰기 시작하면 두 번째, 세 번째 문장을 쓰는 것은 문제가 되지 않는다. 일단 중요한 것은 한 문장을 쓰는 것이다. 시작이 반이라는 말이 있듯이 이미 반은 온 것이나 다름없다.

솔직히 나도 글을 쓸 때 두렵다. '잘 써야 하는데…….' 하는 생각에서 오는 부담감이다. 나만 보는 '일기 형식'의 글을 쓸 때는 몰랐다. 일을 하면서 누군가에게 보여주는 글을 쓰기 시작하면서부터 글의 형식과 짜임새에 치중했다. 형식에 치중하다보면 거침없이 쏟아내지를 못한다. 형식은 나중에 고치더라도 내용물이 일단 많아야 하는데 말이다. 캐주얼을 즐겨 입던 내가 정장을 입으면서 자유로운 나의 행동에 절제가 생긴 느낌이었다. 그래도 나는 한 문장이 가져다주는 힘을 알기에 전보다 조금 더디게 가더라도 글 쓰는 것을 포기하지 않는다.

글쓰기를 어떻게 배울 수 있냐는 독자의 질문에 《창조적 글쓰기》의 작가 애니 딜러드는 이렇게 말한다.

"지면과 지면이, 그 끝없는 공백이 그가 천천히 메워나가는 영원함의 공백이 그것을 가르쳐준다."

이 말에 전적으로 공감한다. 지면의 빈 공백을 한 문장씩 채워나감 속에서 우리는 글쓰기를 배울 수 있을 뿐 아니라 인생의 성장도 기대할 수 있다.

이제 한 문장을 쓸 수 있다면 지지 말아야 할 것은 나와의 타협이다. 나는 평생 글을 쓰면서 살겠다고 결심을 하고 나서부터 하루를 시작하는 아침에 일어나자마자 글쓰기를 시작한다. 전에는 '조금만 더 자고 일어나야지.' 하면서 침대에서 5분이고 10분이고 뒤척거리던 내가 결심 이후로 잠에서 깨어나면 바로 일어난다. 그리고 삶의 목표가 생기면서 행복감이 찾아왔다. 한 문장을 쓰겠다는 결심이 나의 행동을 바꿔 놓았다. 그리고 그 행동들은 앞으로의 내 인생을 바꿔줄 것이라고 확신한다. 기대가 된다.

건강을 위해 운동을 매일 해야지 하는 생각은 누구에게나 있다. 하지만 운동을 시작하기 전 악마의 유혹이 시작된다. 오늘만 쉬고 내일부터 열심히 하자고. 그 유혹 앞에 한번 무릎 꿇기 시작하면 운동을 하는 것은 더 힘들어진다. 하지만 단 5분이라도 하자는 마음으로 유혹을 이겨낸다면, 운동을 하면서 어느 새 기분이 좋아지고 몸이 가뿐해지는 것을 느낄 수 있게 된다.

뭐든 꾸준히 해야 효과가 있다는 것은 누구나 다 아는 사실이다. 하지만 그것을 실천하기 위해서는 '노력'이라는 것을 해야 한다. 몰아서 한꺼번에 하는 것보다는 조금을 하더라도 하루도 빼먹지 말고 꾸준히 하는 것이 중요하다. 그래서 하루에 글을 쓰는 시간도 웬만하면 정하라고 말하고 싶다. 언제 어디서나 한 문장은 쓸 수 있지만 그래도 정한 시간에 반복적으로 하면 마음가짐이 달라진다. 그리고 결과가 달라진다. 아침에 일어나서 10분이라도 좋고 잠자리 들기 전 10분이라도 좋다. 그 시간만큼은 어떤 방해에도 굴하지 않고 나를 만나는 일에 집중을 해보는 것이다. 한 문장이 두 문장이 되고 두 문장이 네 문장이 되는 쾌감을 한번 느껴보자는 거다.

글쓰기는 내 마음가짐과도 연결된다. 딱 한 문장만 쓰자는 생각으로 글쓰기를 시작하면, 한 문장이 열 문장이 되는 것은 시간문제다. 문장들이 모여 하나의 글이 되고 글이 모이면 책 한 권도 만들 수 있다. 중요한 것은 용기다. 두려움에서 벗어나 앞으로 한 발 나아가는 용기. 그 용기로 인해 삶이 어떻게 변화될지는 아무도 모른다.

글쓰기는 스킬보다
진정성이다

글을 쓸 때 사람들이 하는 착각 가운데 하나는 '화려하고 멋진 문체'를 많이 써야 잘 쓴 글이라고 생각한다는 것이다. 그리고 '글 잘 쓰는 법'을 배우기 위해 강좌들을 찾아다닌다. 과연 글을 잘 쓰기 위한 기술이 따로 있는 것일까?

고등학교 1학년 때 처음으로 뮤지컬을 봤다. 〈사랑은 비를 타고〉라는 뮤지컬을 학교에서 단체 관람으로 보았는데, 나에게 문화적 충격을 넘어서 인생의 새로운 맛을 보게 했다. 그때까지만 해도 뮤지컬이라는 분야가 대중화되지는 않았던 시기였다. 그 이후 나는 뮤지컬이라는 분야에 대해 갈망을 하게 되었다. 하고 싶은 것을 마음속에 잊지 않고 있으면 언젠가는 이루게 되는 것 같다.

학교를 졸업하고 방송작가로 일한 지 7년 만에 '방송은 이쯤이면 그만해도 된다'는 신호가 왔다. 인생에서 어떤 터닝 포인트가 될만한 신호들이 올 때가 있다. 나는 그럴 때 미련을 갖지 않고 떠나는 편이다. 그러고선 항상 새로운 길이 열리는 것을 경험했다. 아니나 다를까, 나는 뮤지컬을 전문적으로 배울 수 있었다. 뮤지컬 작법을 배웠고 내가 쓴 뮤지컬에 직접 출연하기도 했다. 그리고 대학로 극단에서 조연출 경력을 쌓았다.

일을 하면서 노래를 잘하는 뮤지컬 배우도 많이 만났다. 뮤지컬 발성으로 기교를 가지고 노래를 잘하는 배우가 참 많다. 그런 배우들의 노래를 들을 때마다 감탄은 했지만 감동은 없었다. 그런데 노래를 잘한다고 생각지 않았던, 오히려 거칠고 투박하다고 생각했던 배우의 노래를 듣고 가슴이 먹먹해지는 것을 느낄 수 있었다. 그때 깨달았다. 노래를 잘 부르는 스킬이 중요한 게 아니라 진정성이 있을 때 감동도 줄 수 있다는 것을.

노래 부르는 것과 글쓰기는 참 많이 닮아 있는 것 같다. 잘 부르고 싶어서, 잘 쓰고 싶어서 여기저기 기술을 배우러 다니지만 결국은 꾸준한 연습을 통해 자신만의 색깔을 찾아야 한다는 점에서 말이다. 기술과 기교만으로는 사람의 마음을 움직일 수가 없다. 그 위에 뭔가가 더해져야 하는데 그게 바로 '진정성'이다.

르네상스 시대의 세계적 미술가 미켈란젤로는 "코끼리를 어떻게 조각할 겁니까?"라는 질문을 받고 "큰 돌덩어리를 가져와 코끼리가 아닌 걸 모두 떼어내면 되지요."라고 대답했다고 한다.

질문을 이렇게 바꿀 수가 있다. "당신이란 사람의 인생을 어떻게 조각할 겁니까?"

글을 쓴다는 것은 바로 내 인생을 조각하는 일이다. 내가 살아왔던 허례허식을 떼어내고 진정한 나를 마주하는 일이다. 거기에는 어떤 기술이나 기교가 필요 없다. 마음을 다해 진실한 나의 인생을 그냥 조각하면 되는 것이다.

'나'라는 사람을 조각해서 그 글로 사람들이 공감하고 감동을 받고 다시 시작할 수 있는 힘을 얻는다면 그것만으로 글을 쓸 이유는 충분하다고 본다. 그리고 그렇게 그 사람만의 '혼'이 담겨 있는 글이 좋은 글이라 생각한다. '진정성'은 솔직한 삶과도 일맥상통한다. 어떤 것에도 거짓되지 않고 포장하지 않고 솔직하게 표현할 때 진정성이 느껴진다고 한다.

진정성 있는 글을 쓰려면 우선 내 주변의 모든 사람과 사물에 관심을 가지고 애정을 가져야 한다. 그리고 생각과 말과 행동이 일치한 삶을 살아야 한다. 그런 자신의 경험과 사례를 글로 녹여냈을 때 그 사람의 삶에 대한 진정성은 더 빛을 발할 수 있다.

얼마 전에 목숨을 걸고 탈북해서 중국, 베트남, 캄보디아 등을 거쳐 한국에 온 탈북자 오영화 씨의 간증 집회에 참석하게 되었다. 북한과 남한 사람은 같은 동포라고 하지만 전쟁을 겪어보지 않은 우리들은 그다지 깊게 생각하지 않는다. '우리가 피상적으로 아는 북한의 현실에 대해 힘든 이야기를 하겠구나.'라고 생각하며 별 기대가 없었다.

그분은 자신이 써온 원고를 가지고 담담하게 읽어가기 시작했다. 1평 남짓한 창고에서 아버지 어머니와 살다가 눈앞에서 아버지가 돌아가시는 것을 목격하고 21살에 중국으로 팔려가야 했던 그녀. 자신의 아버지보다 더 나이가 많은 중국 남자에게 팔려가 너무 비참해서 목숨을 끊으려고 했다고 한다. 우연한 기회에 한국에 보내준다는 브로커를 알게 되었고 목숨을 걸고 한국에 오게 되었다고 했다. 그 이후로도 자신에게 수많은 일들이 있었지만 자신이 이렇게 힘든 인생을 살았다고 동정을 받기 위해 말하는 게 아니라고 했다. 모든 삶에는 우연이란 것은 없고 다 목적이 있으니 그것만 바라보며 살자고 하면서 말을 마쳤다.

재미적인 요소도 말에 위트도 없었지만 그녀의 이야기를 들으면서 나도 모르게 빨려 들어갔고 어느새 내 눈은 촉촉하게 젖어 있었다. 그게 바로 '진정성'이 가져다주는 힘이 아닐까 한다.

우리는 흔히 글을 머리로 쓴다고 생각한다. 아니다. 글은 온몸으로 내가 살아온 삶 전체를 쓰는 것이다. 내가 살아온 삶이 그대로 '글'에 녹아들 때, 사람들은 그 이야기에 귀를 기울이고 감동을 받는다. 조금은 거칠더라도 나의 삶을 추구하며 날 것 그대로의 모습을 보여줄 때 가슴을 울릴 수 있다는 것을 때로는 간과한다.

미국의 사상가 겸 문학가였던 헨리 데이비드 소로는 이렇게 말했다. "자신의 삶을 추구하라. 자신의 삶을 따라가라. 그리고 자신의 삶 주변을 빙빙 돌아라. …… 자신의 뼈에 대해 알라. 그것을 갉아먹어

라. 그것을 묻어라. 그것을 파라. 계속 그것을 갉아먹어라."

자신의 삶에 대해 끊임없이 생각하다보면 어떻게 살아야 할지가 보인다. 그리고 삶의 가치를 어떻게 나눠야 할지 알게 된다. 글을 쓸 때도 자신의 삶을 따라가서 나만이 가지고 있는 고유한 스토리를 써야 한다. 최대한 진실되게 말이다.

사람들이 '명품'에 열광하는 이유는 고유한 스토리가 있기 때문이다. 명품 자체의 가치가 아니라 스토리의 가치를 소장하고 싶은 마음이 클 것이다. 공장에서 획일적으로 출고되는 제품에는 그 어떤 스토리도 없고 그렇기 때문에 그 가치를 느끼지 못하는 것뿐이다. 공장에서 출고되는 제품처럼 획일적인 글이 되지 않기 위해, 사람들이 소장하고 싶은 '명품'처럼 나의 글이 그 가치를 발휘하게 하기 위해 갖춰야 할 것은 글을 쓰는 스킬보다는 진정성을 갖추어야 한다는 이야기다. 그리고 그렇게 진정성을 갖춘 글은 사람들에게 확실하게 각인이 될 수 있다.

글에도 '혼'이 있고 글을 쓰는 사람만의 향기가 묻어난다. 겉보기에 잘 쓴 글이 진짜 좋은 글이 아니라는 말이다. 갖은 기교를 부려 그럴 듯하게 쓴 글도 진정성이 없으면 금방 들통 나고 만다. 글을 잘 쓰는 사람이든 아니든 의외로 많은 사람이 진짜, 가짜는 본능적으로 알아채기 때문이다. 이쯤이면 글쓰기는 스킬보다는 진정성이 훌륭한 무기라는 것에 대해 격하게 공감을 할 수 있을까.

감정 치유,
글쓰기가 답이다

생에 누군가를 뜨겁게 사랑해본 적이 있는가? 그리고 그런 사랑을 잃어본 경험이 있는가? 사랑이란 것이 불같이 타오를 때는 구름 위를 걷는 기분이다. 그리고 그 사랑이 영원히 지속될 것이라 생각한다. 사랑이 이루어져 결실을 맺는 순간도 있지만 대부분의 청춘에는 예고 없이 다가오는 이별 앞에 '상실'의 감정을 경험한다.

나 역시도 그랬다. 긍정적인 성격으로 어떤 힘든 일이 닥쳐와도 굳세게 이겨냈는데, 이 '사랑'이란 감정 앞에서는 도무지 정신을 차릴 수가 없었다. 친구는 어떤 남자를 봐도 사랑의 감정이 생기지 않는다며 자주 사랑에 빠져 있는 나를 부럽다고 했다. 그게 너무 빈번

해서 탈이었지만⋯⋯.

우리는 살아가면서 '스트레스'에 항상 노출이 되어 있다. 사람마다 스트레스를 느끼는 분야와 강도는 다르지만 어느 순간 나에게 잠식을 해서 나의 영혼과 육체를 야금야금 갉아먹고 있는 그 감정에 속수무책 당하고 있을 수만은 없다. 지금이라도 정신을 차리지 않으면 안 된다.

배우 윤여정 씨가 〈꽃보다 남자〉라는 프로그램에서 이렇게 말했다.

"내 인생만 아쉬운 것 같고, 내 인생만 아픈 것 같고, 다 아파. 다 아프고 다 아쉬워. 60이 되도 인생을 몰라요. 내가 처음 살아보는 거잖아. 내가 67살이 처음이야. 내가 알았으면 이렇게 안하지. 인생이 처음 살아보는 거기 때문에 아쉬울 수밖에 없고 아플 수밖에 없고, 어떻게 계획을 할 수가 없어. 그냥 사는 거야."

지금의 내 나이를 처음 살아보기에 다 아프고 아쉬울 수밖에 없다. 10대, 20대, 30대, 40대, 50대의 시간들을 살아내면서 주된 고민거리와 아픔들은 다르다. 지금 30대를 살고 있는 나의 인생을 돌아보면, 10대에는 주로 공부와 관계에 대한 고민을 했고 20대에는 연애와 미래에 대한 생각을 했다. 요즘엔 누구든 힘든 20대를 겪는다고 하지만 20대의 나는 누구보다 '감정컨트롤'이 잘 안 되는 사람의 하나였다. 나의 복합적인 감정을 처리하고 넘어서는 훈련이 되어 있지 않았다. 특히나 연애를 하는 과정에서.

누군가를 만나 연애를 시작하는 과정에서는 좋은데 이별을 통보받아 그 모든 것들이 물거품이 되었을 때는 그 감정을 어찌해야 할지 몰랐다. 시간이 지나면 해결된다는 그 '뻔'한 위로 앞에서 달래지는 마음이 아니었기에 그 고통을 잠깐이라도 잊기 위해 몸부림쳤다. 육체가 아픈 것도 아픈 것이지만 정신이 아픈 것은 어떻게 할 도리가 없다. 눈에 보이지 않으면서 결국에는 육체까지도 망가뜨리게 한다. 그래서 찾게 되고 의지하게 되는 것이 알코올이고 약이다.

그런 무방비 상태의 20대를 겪으면서 어느 정도 사랑과 이별에 단단해지고 익숙해졌다고 생각했던 순간, 그가 '짠'하고 나타났다. 이제는 어느 정도 내 마음을 조절할 수 있으니 사랑을 해도 내가 주도하여 원하는 만큼만 줄 것이라고 자신했다.

내가 아무리 연애를 많이 했다 한들 지금 이 사람과의 연애는 처음인 것이다. 그리고 그 마음의 크기는 언제 커질지 모르는 법이다. 아무리 나를 단단히 동여맨다 하더라도 '감정'이란 놈은 내가 원하는 대로 잡히는 게 아니었다. 적어도 나에게는.

그와의 사랑은 불같이 타오르다가 꺼졌다. 그리고 속수무책으로 당한 나는 거의 정신 줄을 놓는 상태까지 이르렀다. 그깟 사랑이란 것이 뭐라고. 그것을 아는가? '희로애락'의 감정을 다 거치며 오랜 시간 동안 연애하고 헤어지는 것보다 '로'와 '애'를 빼고 '희락'만 있다가 이별하는 짧은 연애가 더 아프게 다가온다는 것을. 어떤 이별이든 다 아프지만 말이다.

사람이 많은 곳에 있을 때 나는 나를 잘 드러내지 않는다. 누군가를 만나도 일대일이 편하고 세 명 이상이 되면 말수가 적어지고 불편함이 느껴진다. 눈치보고 배려하는 것이 습관화되어 그럴 수도 있다. 사람이 많아지면 주파수를 많이 세워야 하기 때문이다. 그게 나에게는 피곤함으로 다가온다.

그런데 고맙게도 20대 때 내 이야기를 다 들어주는 친구가 한 명 있었다. 그 친구 앞이라면 내 뼛속에 있는 감정까지도 다 드러낼 수 있었다. 그 친구가 어떤 답을 내려주는 것도 아닌데 그냥 내 모든 것들을 남김없이 쏟아내고 나면 후련해졌다. 그리고 말하는 과정 속에서 내가 이미 답을 찾고 있었다. 나중에 안 얘기지만 그 친구는 좀 힘들었다고 했다. 말하는 것보다 듣는 것이 더 힘들다는 것을 여실히 느끼게 하는 대목이다.

'현대인이라면 누구든 정신병 하나씩은 가지고 있다.'라는 말처럼 우리는 녹록치 않은 인생을 살아가고 있다. 우울증, 강박증, 히스테리, 공황장애 등 자신이 알지도 못하는 사이에 정신병에 시달리며 하루하루를 사는 것이다. 내 얘기를 터놓고 말할 수 있는 친구 한 명만 있어도 정신병에서 자유로울 수 있을 텐데 그조차 쉽지 않은 현실이다.

나 또한 저 휘몰아치는 감정을 느끼고 있을 때 친구에게 말을 할 수가 없었다. 아니, 말을 한다한들 풀릴 수 있는 감정이 아니었다. 저 감정은 오롯이 내가 겪어야 했고 내가 일어서야 하는 관문이었다. 그 사람과의 이별과 동시에 나는 중국으로 여행을 갔다. 4박 5일의 여정 속에서 실연의 아픔이 다 회복될 줄 알았다. 아니, 회복되기를 원했다. 그런데 그 일정 속에서 내 마음만 어지럽혀져 여행을 제대로 즐길 수가 없었다.

그때 내가 느낀 것이 있다. 보통 사람들은 감정의 찌꺼기가 있을 때 그 감정을 털어내기 위해 여행을 간다. 하지만 그렇게 되면 여행까지 망쳐버릴 수 있다는 것이다. 여행을 온전히 즐기기 위해서는 즐길 수 있는 '감정 상태'까지 만들어 놓고 가야 한다. 그런 감정 상태가 아닐 때 가는 여행은 '아깝더라도 포기하는 게 맞다.'라는 것이 나의 생각이다.

여행을 다녀와서도 상대방에 대한 분노의 감정에서부터 연민의 감정까지 혼자만의 파도타기가 계속되었다. 감당할 수 없는 분노가 끝까지 차올랐을 때 그 사람에게 하고 싶은 말들을 종이에 적어 내려갔다. 그 어떤 문법이나 정제된 단어도 필요 없었다. 욕이 나오면 나오는 대로 거칠고 투박하게 썼다. 그렇게 '글쓰기'를 하면서 저 밑바닥에 자리 잡고 있는 나의 '쓴 뿌리'와 만나게 됐다.

나의 마음속에 있는 분노, 집착, 아픔, 슬픔 등의 모든 감정들. 싫지만 나와 공생하고 있는 마음의 응어리들을 종이에 남김없이 쏟아 냈다. 치졸한 나의 모습까지 드러내기는 쉽지 않았지만 나의 감정을 파헤치며 날 것 그대로 표현했다. 내가 외면하고 싶었던 나의 감정까지 솔직하게 드러냈을 때 나를 그토록 괴롭혔던 감정의 찌꺼기들을 떨쳐버릴 수 있었다. 그리고 자유로운 기분을 느끼며 그렇게 치유가 되었다. 비로소 내 감정의 주인이 된 것이다.

삶은 끝도 없는 상실과 아픔의 연속이다. 나를 아프게 하는 일들이 더 이상 생기지 않으면 더할 나위 없이 좋겠지만 그럴 수 없는 것이 우리 인생이다. 우리는 그 상황에서 찾아오는 '감정'들을 잘 다

스릴 수 있어야 한다. 그래야 떠날 것들은 잘 떠나고 남겨진 것들은 더 잘 살게 된다. 누구나 다 상처를 안고 있지만 그것을 '가지고 있을까, 떨쳐버릴까.' 결정하는 것은 순전히 내 몫이다. 그 상처와 마주할 용기가 생겼다면, 지금 당장 노트를 펴고 그 감정을 써보자. 그리고 '치유의 힘'을 느껴보자.

제 3 장

하루 **10분,**
글쓰기의 힘

아침 5시,
글쓰기 완벽한 시간

세상에는 두 종류의 사람이 있다. 자신의 인생을 주도적으로 사는 사람과 어쩔 수 없이 끌려가듯 인생을 사는 사람이다. 인생을 주도적으로 사는 사람들에게 공통적인 면이 있다면 바로 새벽형 인간이라는 것이다. 하지만 나는 어렸을 때까지만 해도 그 말에 동의하지 않았다. 내가 하고자 하는 '방송' 일을 하는 사람들은 야행성으로 사는 사람들이 더 많았다. 그리고 그들도 충분히 성공한 삶을 살고 있다고 생각했기 때문이다.

대부분의 방송작가들은 야행성이었던 것 같다. 밤에 글을 써야 글이 잘 써지는 줄 알았다. 그런데 일을 하다 보니 환경상 생기는 어쩔 수 없는 생활 패턴이란 것을 알았다. 스튜디오에서 하는 방송들은 거의 고정으로 가는 경우가 많지만, 야외로 촬영을 나가야 할 경우 촬영 일정이 시시각각 변할 수도 있다. 그런 환경에 맞춰서 대본을 써야 하고 그러다 보니 어쩔 수 없이 밤을 새게 되는 일이 많아지는 것이다. 그래서 방송 일을 하려면 야행성이 되어야 한다는 생각에 나도 그렇게 생활 패턴을 바꿔갔다.

방송작가를 하면서 녹화방송 프로그램만 맡아서 일을 했었다. 그런데 어느 날 생방송 프로그램 제의가 들어왔다. 한 주간의 연예소식을 전하는 프로그램이었다. 관심이 없었던 분야였지만 경험을 쌓아도 나쁘진 않겠다는 생각이 들어 일을 시작했다. 시시각각 변하는 각종 연예 사건사고들로 항상 5분 대기조가 되어야 했다.

나는 연예인들의 사생활에 대해 대본을 썼다. 하지만 나의 사생활은 점점 없어져갔다. 월요일 아침 9시 생방송 프로그램이었고 방송을 위해서 전날에는 밤을 새야 했다. 그런데 이상하게 밤새 끙끙거리면서 써지지 않는 대본이 새벽이 되면 써지더라는 것이다. 그리고 매회 어떻게든 방송은 되더라는 것이다. 그때 아침 글쓰기의 힘에 대해 느꼈다.

어느 날 아침, 출근길에 어떤 연예인의 자살 소식을 들었다. 한국에서는 꽤 유명한 스타였다. 안타까운 마음이 들기도 전에 '방송'을 위해 그분의 일대기를 다 조사해야 했다. 관계자들의 인터뷰를 요청해야 했고 매번 30분 분량의 방송 대본을 써야 했다. 그렇게 한 달을 하면서 나는 마음이 우울해지고 인생의 위기를 겪었다.

나는 어떤 말을 들을 때 감정이입을 잘하는 편이다. 부정적인 말을 듣거나 우울한 얘기를 들으면 급격하게 기분이 안 좋아지며 삶에도 영향을 미친다. 한 달 동안 관련 영상을 보며 대본을 썼던 나는 길을 가다가 '내가 차에 뛰어들어 교통사고가 나면 내일 생방송 안해도 되겠지?' 하는 마음이 갑자기 들었다. 살면서 처음 들었던 마음에 나도 당황스러웠다. 그때 방송 일을 그만해야겠다고 결심할 수 있었다.

위기는 기회라는 말이 맞나보다. 인생에서 위기가 한번쯤은 있어야 그 자리에 머무르지 않고 더 많은 기회를 맞이할 수 있다. 위기는 정신없이 달리기만 하던 인생에 잠시 쉼표를 제공해주는 일이다. 그럴 때 자기 인생의 의미에 대해서 다시 한 번 생각할 수 있는 값진 시간이 된다.

내가 제일 먼저 바로 잡고 싶었던 것은 야행성으로 살았던 삶의 패턴을 아침형으로 돌려놓는 것이었다. 성공한 사람들 중에는 새벽형 인간이 많다는 것은 책을 통해서 알고 있었지만 그들만의 이야기일 뿐 나와는 상관이 없다고 생각했다. 하지만 가까이 우리 부모님만 봐도 꽤 성공적인 인생을 살고 계시다고 생각한다. 본인들의 인생 경영에서 말이다. 부모님은 또래의 다른 분들에 비해서 꽤 건강한 삶을 살고 계시다. 그리고 그것은 몇 십 년을 꾸준히 해온 아침 5시 기상의 힘에 있다는 생각이 문득 들었다.

생각을 했다고 해서 즉시 실천을 할 수 있는 것은 아니다. 그리고 오랜 시간동안 해왔던 습관을 하루아침에 바꾸는 것은 더더욱 어렵다. 그동안 아침 일찍 일어나야 할 명분을 찾지 못해서 잠을 더 자기도 했다. 그런데 자꾸 아침 5시가 나에게 말을 걸고 있었다. 마음에 거룩한 부담이 생기기 시작했다. 갑자기 5시에 일어나는 것은 하루 정도는 할 수 있겠지만 꾸준히는 힘들 것 같았다. 그래서 할 수 있는 범위에서 목표를 세우고 실천해보기로 했다.

나는 보통 아침 8시 30분에 일어난다. 당장 3시간 30분을 앞당겨 일어나는 건 무리일 것 같았다. 그래서 매일 10분씩만 일찍 일어나기로 결심했다. 21일이면 5시에 일어날 수 있는 계획이다. 그렇게 하루하루 실천해나갔다. 다이어리에 전날 잠든 시간과 아침에 일어난 시간을 적기 시작했다. 그렇게 나의 하루 수면시간을 측정했고 수면시간을 조금씩 줄여 나가며 규칙적인 생활습관을 들이기 위해 노력했다.

한 번에 하는 건 어렵지만 이렇게 조금씩 실천을 하다 보니 아침 5시에 일어나는 것이 가능해졌다. 그리고 그 시간에 일어나서 글을 쓰기 시작했다. '남'을 위한 글이 아닌 온전히 '나'에 대한 글을. 그러다 보니 작가로서의 꿈이 다시 살아났다.

고요하고 적막한 시간. 그 시간을 누릴 수 있는 것은 축복이다. 특히나 몰입하여 글을 쓰기에는 완벽한 시간이다. 밤새 생각해도 떠오르지 않던 아이디어가 이 시간에 '툭'하고 튀어나오기도 한다. 낮 또는 저녁시간에 쓸 수 없었던 문장들도 기가 막히게 잘 써진다.

무엇보다 아침 5시에는 나를 방해하는 요소들이 없다. 누군가 문을 열고 들어와서 대화를 시도하는 일도 없고 문자를 하느라 낭비되는 시간도 없다. 그저 나와 키보드자판이 물아일체가 되어 여백에 글을 채워나간다. 인생을 더 값지게 만들어주는 시간이다. 그렇게 집중하고 나면 나 자신에게 굉장히 뿌듯해지고 자신감이 상승한다.

아침 5시, 글을 쓰기 위한 시간으로 정하면서 내 삶을 대하는 태도가 달라졌다. 마음속의 공허함으로 항상 사람들을 찾았던 나에게 공허함이 없어졌다. 그리고 내게 주어진 시간들을 규모 있게 쓰며 시간의 소중함에 대해 다시 알게 되었다. 그리고 책을 쓰는 작가가 되고 싶다는 바람이 현실이 되었다. 이 책을 읽고 계신 독자 분들을 생각하면서 글을 쓰고 있다. 이미 이루어졌다고 상상하면서 말이다.

전업 작가들이야 하루 종일 글을 쓴다지만 다른 직업을 가지고 있는 사람들은 글을 쓸 수 있는 시간이 없다. 의식적으로 만들어야 한다. 그런 분들에게 아침 5시는 정말 글쓰기에 완벽한 시간이라고 말하고 싶다. 목표를 향해 길을 잃지 않기 위해서는, 그리고 그 발걸음을 정확하게 걷기 위해서는 아침을 어떻게 주도하느냐가 관건이다. 아침 5시, 글을 쓰면서 나는 삶의 정확한 방향을 다시 찾았고 이루었다. 아침 5시에 글을 쓰는 삶은 매순간 삶에서 마법 같은 기적을 만들어내는 삶이다.

아침 5시부터 한 시간이나 두 시간 동안 글을 쓰면 한 장이나 두 장 정도의 글을 쓸 수 있다. 만약 주제를 정해놓고 쓴다면 40일에서 두 달 사이의 시간 동안 내 인생이 오롯이 담긴 책 한 권을 쓸 수 있다. 그리고 그 시간은 인생을 바꾸는 데 충분한 시간이다. 의식처럼 행하는 아침 글쓰기는 하루를 알차게 살게 만든다. 그렇게 한 달이 모이고 일 년이 모여 나의 인생은 거대한 변화를 이룰 것이라고 믿는다.

나는 오늘도 잠들기 전, 이미지 트레이닝을 할 것이다. 내가 되고 싶은 것들을 된 것처럼 상상하고 잠에 들 것이다. 그리고 그 행복감을 가지고 내일 아침을 맞이할 것이다. 그리고 아침 5시, 글쓰기에 완벽한 시간을 절대 놓치지 않을 것이다.

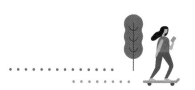

Self-Esteem Of Writing

읽히는 글쓰기의
원칙

우리 엄마는 배움에 굉장히 열정적인 분이다. 어린 시절, 제대로 된 교육만 받았어도 '자리' 하나는 차지하고 계실 거라고 우리 가족들은 누구이 말했다. 그에 반해 아빠는 뼛속까지 단순미가 넘치는 분이다. 모든 일에 생각보다는 몸이 앞선다. 당신이 대한민국 공수부대 군인이었다는 것에 굉장한 자부심이 있으시다. 나라를 너무 사랑하셔서 지금도 나라에 충성을 하고 계신다. 매 달 오는 교통 신호위반 과태료와 주차위반 과태료가 그것을 증명해준다. 이런 식으로 나라 사랑 표현을 하지 않아도 된다고 우리는 말을 하지만, 아빠는 꼭 똑같은 장소에서 카메라에 찍힌다. 참 어울릴 것 같지 않은 두 분이지만 이제까지 잘 살아오셨다. 세상에서 가장 바쁘신 두 분이라고 말하고 싶다.

엄마는 우리 4남매를 대학까지 다 교육시키고 신학을 공부하기 시작하셨다. 6년간의 공부를 마치고 목사고시를 치루고 지금은 교회를 개척해서 목사로 재직 중이시다. 신학 공부에 앞서 오랫동안 지역 '문학회'에서 활동하며 여행을 다녀와서 쓴 글로 '예술인상'까지 받으셨다.

엄마에 대한 설명을 이렇게 장황하게 한 이유가 있다. 엄마는 항상 글을 쓰는 습관을 가지고 계신다. '글'을 쓰고 나면 항상 나에게 와서 고쳐달라고 하신다. 이번에도 어김없이 엄마는 '문학지'에 글을 실어야 한다며 나에게 글을 봐달라고 하셨다. 그 글의 앞부분을 소개하고자 한다.

행복을 만들며 살아온 날들

군복을 입은 하얀 마후라에 하얀 장갑을 낀 베레모를 쓴 늠름하고 멋있는 일곱 명의 신랑과 하얀 드레스를 입은 일곱 명의 신부들은 군악대가 울려 퍼져주는 웨딩마치에 맞춰 결혼식의 퍼레이드는 장관이었다. 엄마가 계시는 데도 사정으로 인하여 참석하시지 못한 가운데서 결혼식을 하는 난 이를 악물고 눈물대신 미소를 지으며 "이렇게 결혼을 하고 못 살면 안 되지. 난 잘 살아야 한다." 결심을 하고 나니 결혼식이 끝나 인천 유지급들이 제공한 자가용 일곱 대에 오색테이프가 감긴 승용차를 타고 인천 공보관에서 출발하여 새신랑들이 근무하는 특전 5여단을 한 바퀴 돌더니 자유 공원에 가서 사진을 찍었다.

이 글을 나는 이렇게 고쳐 보았다.

행복을 만들며 살아온 날들

검은 베레모를 쓰고 군복을 입은 일곱 명의 신랑은 웨딩드레스를 입은 자신의 신부와 함께 서 있었다. 군에서 주관하는 합동결혼식이 있는 날이었다. 군악대가 연주해 주는 음악에 맞춰 일곱 쌍의 신랑신부들이 행진을 했다. 거기엔 나도 있었다. 슬프게도 어머니께선 내 결혼식에 참석하지 못하셨다. 하지만 나는 미소를 짓고 이를 악물며 잘 살겠노라고 다짐을 했다. 많은 사람들의 축하 속에서 결혼식을 마쳤다. 오색 테이프가 감긴 승용차 일곱 대가 대기하고 있었다. 신랑신부들은 각각 승용차에 탑승하였다. 새신랑들이 근무하는 특전5여단을 한 바퀴 돌아보고 자유공원에 가서 사진을 찍었다.

엄마와 아빠가 결혼할 당시를 추억하며 쓴 글이다. 이 글을 바탕으로 잘 읽히는 글에 대해 나름대로 정의해 보고자 한다. 읽히는 글쓰기의 원칙은 의외로 간단하다. 중요한 것은 글이 쉽고 명확해야 한다는 것이다. 이것만 기억을 한다면 누구나 다 잘 읽히는 글을 쓸 수 있다. 이것을 기억을 하면서 유념해야 할 것들에 대해 좀 더 알아보기로 하자.

첫째, 한 문장의 길이가 짧아야 한다.

보다시피 엄마의 글은 장황하다. 한 문장의 길이가 두 줄이나 세 줄까지 내려간다. 한 문장의 길이가 길어지면 본인도 무슨 얘기를 하는지 모르는 경우가 있다. 글을 읽는 사람도 더 이상 읽고 싶지 않게 된다. 사람들은 세상살이도 머리 아픈데 굳이 글을 읽으면서까지 스트레스 받고 싶어 하진 않는다.

둘째, 주제에서 벗어나지 않아야 한다.

간혹 주제와 연관된 사례들을 쓰다 보면, 꼬리에 꼬리를 물며 잊고 살았던 과거들이 생각날 때가 있다. 그러면 또 욕심이 생기고 굳이 필요 없는 부분들까지도 쓰는 경우가 있다. 내용이 산으로 가는 것이다. 끊임없이 주제를 되뇌며 벗어나지 않도록 의식적으로 내용을 몰고 가야 한다.

셋째, 미사여구를 많이 쓰지 말아야 한다.

우리가 생각하는 착각 중의 하나가 바로 미사여구를 쓰면 그럴 듯한 문장이 된다는 것이다. 그래서 문장의 화려함에 치중하게 되고, 결국 내용에 진실함이 떨어지게 되는 경우가 있다. 글은 최대한 담백하게 내 모습 그대로를 써야 한다. 치상하려 하지 말고.

넷째, 다양한 단어를 쓴다.

똑같은 단어가 계속 등장하면 지루함을 가져다준다. 어쩔 수 없이 그 단어가 계속 나와야 하는 상황이라면 비슷한 다른 단어로 대체를 한다든지, 단어를 풀어서 쓴다든지 하는 다양한 시도를 해보자. 그렇게 시도할 때 나의 어휘력과 문장력은 당연히 늘어간다. 똑같은 단어만 매번 쓰다 보면 발전이 없다.

이 네 가지 요소에 '공감'이라는 키워드가 들어간다면 더없이 잘 읽히는 훌륭한 글이 될 것이다. 우리가 글을 쓰는 이유는 사람들에게 감동과 깨달음을 주기 위해서다. 오바마 대통령의 연설문이 사람들의 심금을 울린 것은 바로 공감의 힘이다. 오바마 대통령의 자서전에 보면 윤리관 중심에 '공감'이라는 단어가 있다.

"내가 이해하기에 이 공감이라는 황금률은 단순히 연민이나 자비의 감정에서 한층 나아간 것이다. 공감은 타인의 눈으로, 타인의 입장에서 생각하는 태도다."

다른 무엇들을 다 제치고서라도 타인의 입장에서 생각하는 태도로 글을 쓴다면, 그 글은 훌륭할 수밖에 없다. 그리고 뜻을 잘 전달하기에 이해하기 쉽다. 또한 사람들의 감정을 움직이고 잠자던 이성을 깨우게 한다.

'읽기'보다 '쓰기'가 힘든 것은 당연하다. 더구나 잘 읽히는 글을 쓴다는 것은 말할 것도 없다. 읽기는 받아들여서 하는 것이고 쓰기는 배출하는 것이다. 읽기는 내가 아무것도 갖추지 않은 텅 빈 상태로 시작할 수 있다. 하지만 쓰기는 다르다. 글 쓸 거리들이 내 안에 어느 정도는 채워져 있어야 한다. 넘칠 정도의 상태가 되면 더 좋지만 그렇다고 겁낼 필요는 없다. 누구나 다 읽히는 글을 쓸 수 있으니까 말이다.

유학을 준비할 때였다. 영어 쓰기 시험을 어려워하는 학생들에게 선생님이 이렇게 말했다.

"어렵게 쓰지 마세요. 초등학생에게 설명하듯이 글을 쓰세요."

저 한 문장에 글쓰기의 모든 진리가 담겨있는 듯했다. 간혹 어렵게 쓴 글을 잘 썼다고 생각하는 사람들이 있지만, 아니다. 모든 사람들에게 술술 읽히는 글이 잘 쓴 글이다. 잘 읽히는 글을 쓰고 싶은 사람들에게 말하고 싶다. 고민할 필요 없이 초등학생들이 이해할 수 있는 글을 쓰면 된다고.

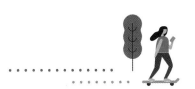

글쓰기
근육 기르기

우리가 운동을 하는 이유는 무엇인가? 사람마다 운동을 하는 목적은 다르겠지만 기본적으로는 건강한 체력을 유지하기 위해서다.

최근 체력이 저하됐다는 느낌을 받았다. 운동을 다시 해야겠다는 마음에 헬스클럽을 찾았다. 운동에 앞서 자신의 몸 상태를 정확히 파악하는 것이 좋다고 하여 '인 바디' 검사를 했다. 체지방이 내가 생각한 수치보다 훨씬 더 많이 나왔고 근육 량은 현저하게 떨어졌다. 평균치도 안 된다고 해서 충격을 받았다. 좋아지는 것은 서서히지만, 나빠지는 것은 순식간이라는 것을 느꼈다.

강인한 체력을 위해 내 몸의 근육을 늘려야 하는 것처럼 글쓰기에서도 근육이 필요하다. 운동이고 글이고 꾸준히 하고 꾸준히 써야 한다. 그래야 근력이 생기면서 내 몸이 변화되고 내 인생이 변화된다. 한 번 해보고 적성이 아니라고 영원히 담을 쌓고 살 수 있는 것들은 아니지 않은가! 매일매일 자신과 약속을 하고 그 약속을 지키다 보면 나도 모르게 근육이 늘어나고 체지방이 분해되고 있다는 느낌을 갖게 될 것이다. 그러면서 '내가 원하는 삶의 모습에 가까워지고 있구나.'라는 사실에 희열을 느끼게 될 것이다.

하지만 이 당연한 명제 앞에 우리를 가로막는 것이 있다. 바로 '실행'을 꾸준히 하지 못하게 만드는 삶의 '방해요소'들이다. 방해요소들은 가족을 위해 해야 하는 어떤 일일 수도 있고 직장 동료의 술한 잔 유혹, 친구의 거절할 수 없는 부탁일 수도 있다.

나 또한 이제까지 '나 자신의 삶'에 집중하기보다는 이런 요소들이 우선시되는 삶을 살아왔다. 내가 굳이 하지 않더라도 알아서들 다 잘 살아가는데 '거절'을 하면 내 마음이 불편해졌다. 하던 일을 멈추고 먼저 그런 일부터 처리해주니 언제나 내 삶은 뒷전이었다. 어쩌면 내 안에도 '착한 여자 콤플렉스'가 있었던 건지도 모르겠다.

연애 문제로 고민하는 여자들에게서 흔히 듣는 레퍼토리가 있다. 꾸준하게 연락을 잘하던 그에게서 연락이 뜸해졌다. 남자가 꾸준히 연락해서 그에게 마음을 뺏긴 여자는 이렇게 말한다.

"바빠서 연락을 못하는 걸 거야."

하지만 그게 아니라는 것을 누구나 안다. 그는 그녀에게 '마음'이 없다. 아무리 바빠도 밥 먹을 시간이 있고 화장실 갈 시간이 있고 문자 한 줄 보낼 시간이 있으니까. 모든 것은 '마음'의 문제다. '마음'

이 있으면 실행할 수 있는 힘이 생긴다.

글을 쓰겠다고 일단 '마음'을 먹었으면 실행을 해야 한다. 그에 맞는 환경을 조성하고 '글쓰기 근육'을 길러야 한다. 그러기 위해서는 먼저 혼자 있는 시간을 확보해야 한다. 혼자 오롯이 고독한 시간을 즐기며 나아가야 한다. 뚜벅뚜벅, 천천히 말이다.

혼자 있으면 외롭다는 사람들, 외로움과 고독은 엄연히 다르다는 것을 기억하자. 그리고 그 외로움이라는 감정에 빠지게 나를 내버려 두지 말자. 사람은 혼자 있을 때 자신을 만나고 시간을 더 계획적으로 쓸 수 있다. 누구에게나 인생의 중요한 시기가 있다. 그럴 때일수록 적극적으로 혼자가 되어야 한다. 사람은 혼자일 때 '성장'한다. 목표에 집중하며 도달하는 방법을 깨우치기 때문이다.

혼자 글 쓰는 시간을 만들 때 '성장과 성공'이 가능한 이유가 또 하나 있다. 빈 종이에 채워가는 활자들이 내가 생각하지 못하는 의식 저 너머에 있는 '성공으로 가는 요소'들을 끌어당긴다고 하면 믿을까? 나를 도와주기 위해 우주는 24시간 대기조가 되어 있다. 나의 생각들, 내가 바라고 원하는 것들이 활자 위에 모아질 때, 온 우주가 나를 끌어주기 위해 움직이며 작업을 하는 것이다.

'피겨 여왕'이 된 김연아 선수. 피겨스케이팅에 최적화된 근육을 만들기 위해 혼자만의 시간 속에서 얼마나 노력했는지 대한민국 국민이라면 모르는 사람이 없다. 매일 매일 노력해서 만들어진 근육으로 단단해지고 빛날 수 있는 것이다. 분명 어떤 분야든지 그 '근육'을 잘 만들고 훈련되어진 사람은 정상에서 그 기쁨을 누릴 날이 분명히 온다.

　대부분의 작가들이 '엉덩이의 힘'으로 글을 쓴다고 한다. 시간을 정해놓고 장시간 앉아서 글을 쓴다는데, 얘기를 들었던 분들 가운데 인상적이었던 사람은 바로 〈그들이 사는 세상〉, 〈디어 마이 프렌드〉 등의 드라마를 집필한 노희경 작가였다. 대부분의 방송작가들이라고 하면, 밤을 새워 글을 쓰거나 그때 그때의 영감으로 쓰는 줄 알았다. 그런데 노희경 작가는 '공무원 작가'로 통한다고 했다. 아침 9시부터 저녁 6시까지 온전히 글을 쓴다고 했다.

　나는 글을 쓰는 사람이긴 하지만 '지구력'이 약하다. 가만히 있는 것보다는 이리저리 돌아다니는 것을 선호하기에 작가는 나랑 맞지 않는 일이라 여겼었다. 그런데 이것도 훈련으로 충분히 할 수 있다는 생각이 들었다. 재능은 누구나 가질 수 없지만 훈련과 연습으로 그 재능을 이길 수 있다. 나와 맞지 않은 이유 열 가지가 있어도 해야 할 이유 단 한 가지만 있다면 그것을 해야 하는 것이다.

　내가 글을 써야 하는 명분은 충분히 있었다. 솔직히 글 쓰는 과정이 행복하다고는 말할 수 없어도 나는 내 이름으로 된 책 한권을 갖고 싶고 내 작품을 무대에 올리고 싶으니까. 그리고 지금 유명해진 사람들도 단번에 그것을 이룬 사람은 없다는 것을 알았다. 자신이 꾼 꿈을 달성하기 위해 자신과의 약속을 철저히 지키고 절박한 심정으로 자신과의 싸움에서 승리했다는 것을 알았다.

　처음에는 그들에게도 근육 량보다는 체지방이 더 많았을 것이다.

하지만 매일 매일의 연습 속에서 근육을 쌓으며 그 힘으로 결국 자신의 꿈을 이뤄냈다. 연습이야말로 성공의 열쇠다. 그것도 매일 매일 하는 완벽한 연습 말이다. 미국 풋볼리그의 전설적인 감독 빈스 롬바르디의 말을 명심하자.

"연습이 완벽을 만드는 것은 아니다. 완벽한 연습이 완벽을 만든다."

완벽한 연습을 할 자세가 되었다면 필요한 것은 강인한 체력이다. 체력 자체가 실력이며 글을 쓰는 능력만큼이나 중요한 요소다. 그리고 그 체력은 '근력'을 통해 만들어진다. 매일 매일 하는 연습 속에서 근육이 길러지는 것이다. 글쓰기가 단번에 인생의 변화를 가져다준다고 말할 수는 없다. 인생이 바뀌어가는 속도는 내가 글을 쓰기 위해 노력하고 연습하고 훈련하는 그 시간과 비례한다고 본다.

그래서 글쓰기 근육을 기르기 위한 방법을 하나 소개하고자 한다. 바로 '30일 글쓰기 근육 기르기 프로젝트'이다. 일정한 시간에 목표를 세우고 그것을 실천하다 보면 습관이 된다. 그 습관을 기르기 위해 훈련을 하는 것이다. 처음부터 많은 양의 글을 쓰려고 하면 힘든 것은 당연하다. 그 격차를 줄이고 습관이 되는 인생을 살기 위해 실천해보는 거다. 그리고 단기간의 목표를 세우고 달성을 하면 그 힘으로 더 멀리 앞으로 나갈 수 있다.

먼저 떠오르는 단어 30개를 적어보자. 그 어떤 단어도 좋다. 나는 이렇게 적었다.

꿈, 사랑, 우정, 인내, 가족, 성공, 희망, 기쁨, 독서, 습관, 비밀, 도

전, 의식, 관계, 열정, 소통, 집중, 선택, 가치, 시작, 용서, 지혜, 이별, 갈등, 감동, 선물, 고독, 반전, 만남, 선행

　단어들을 적은 종이를 상자에 넣고 아침에 일어나서 혹은 잠자기 전에 매일 종이를 하나씩 뽑는 것이다. 그리고 그 단어를 응시하고 있다 보면 관련된 나의 경험이나 추억들이 봄에 아지랑이가 피듯 스멀스멀 올라올 것이다. 그때 거침없이 종이의 여백에 내용을 채워가는 것이다. 그렇게 나의 글쓰기 근육이 길러지게 된다.

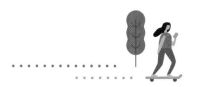

Self-Esteem Of Writing

하루 1시간,
좋은 문장을 **필사**하라

　대학 시절, '극작법'이라는 수업이 있었다. 극을 쓰는 방법에 대해 가르칠 줄 알았는데, 교수님은 우리에게 셰익스피어의 작품집을 가져오라고 했다. 그러더니 수업 시간 내내 그것을 '필사'하란다. 노트가 아닌 원고지에 말이다. 순종의 미덕이 있던 나는 당시에 《햄릿》을 끝까지 필사했다. 원고지에 필사를 하니 양이 꽤나 방대했다. 하지만 '글' 좀 써봤다는 사람들은 연극계에서는 꽤나 유명했던 교수님의 수업 방식이 이거였냐면서 불만을 적잖이 토로했다.

　처음에 필사를 하면서 나도 그 사람들과 비슷한 생각이었다. '책을 읽고 독후감을 쓰게 하면 되지 왜 군이 필사를 시키는 걸까?' 교수님에게 여쭤봤지만 명쾌한 대답은 주지 않고 무조건 끝까지 쓰라고만 했다. 한 작품을 필사하기까지는 많은 인내가 따른다. 스멀스멀 올라오는 반항심부터 지루함 그리고 팔이 아파오는 고통까지. 그 감정과 아픔을 다 견뎌냈을 때 나의 필사는 끝이 났다. 이름 모를 성취감을 느끼긴 했지만 그때까지도 필사가 가져다주는 힘은 느끼지 못했다.

"가장 기본으로 돌아가라."라는 말이 있다. 운동을 할 때는 기초체력이 중요하고 그림을 그릴 때도 밑그림이 중요하다. 건축을 할 때도 뼈대가 중요한 것처럼 모든 것에는 기본이 바탕이 되어야 한다. 방송작가를 하면서 채 2년이 안 되었을 때 온전히 혼자 대본 쓸 기회가 주어졌다. 막내작가로서 자료조사와 공지사항 등의 짧은 글만 쓰다가 긴 호흡의 글을 써야 하는 나는 부담이 되었다.

나는 어떤 기회가 왔을 때 준비가 되지 않았어도 도전하는 편이다. 분명 그 과정에서 힘든 면도 있지만 배우는 것이 더 많기 때문이다. '드라마 대 드라마'라는 타이틀로 두 개의 드라마를 비교하며 재미있게 소개하는 프로그램이었다. 드라마를 보고 먼저 편집 구성안을 짜고 PD님이 편집을 해주면 그것을 바탕으로 대본을 써야했다. 내가 재밌어 하는 부분을 골라내 편집 구성안을 보내는 것은 어렵지 않았는데, 무에서 유를 창조해야 하는 대본 쓰기는 어떻게 해야 할지 몰랐다.

그 와중에 대학 시절 했던 필사가 갑자기 떠올랐다. 그 당시 내가 하던 것과 비슷한 성격을 가진 프로그램을 찾았다. 그리고 그 대본을 다 적어 내려갔다. 그러다보니 어떻게 써야 할지 방향이 잡혔다.

기본이 되는 포맷을 하나 만들고 나니 그 다음에 '응용'하는 것이 쉬워졌다. 그 이후에는 드라마를 써볼까 하는 마음에 16부작 드라마를 하나 골라 필사하기 시작했다. 비록 다 쓰지 못했지만 그 시도가 아름다운 경험이었다.

필사는 이렇게 '기본'에 대해 충실하게 한다. 우리 인생에서 유독 화려해 보이는 삶을 살고 있는 사람이 있다. 글에서도 마찬가지다. 화려해 보이는 글을 접할 때가 있다. 거기서 발견할 수 있는 한 가지 사실은 '기본의 충실함'이다. 기본에 충실하지 않은 화려함은 모래 위에 성을 짓는 것처럼 오래가지 못한다. 오래 갈 수가 없다.

'필사의 힘'을 알려준 또 다른 사람이 있다. 라디오 프로그램 막내 작가 시절, 한없이 높아보였던 메인 작가 언니의 한마디다. 언니는 성경에 있는 '시편'의 위대함에 대해 찬양하였다. 시편은 그 어떤 시보다도 예술성이 있다고. 언니는 성경을 필사하고 있다고 했다. 아이러니한 것은 그녀에게 신앙이 없다는 것이다. 목사님이 성경을 필사한다는 것과 하나님을 믿지 않는 사람이 성경을 필사하고 있다는 것에서 내가 느끼는 '설득의 힘'은 천지차이다. 언니는 말했다. 작가라면 무조건 '시편'을 읽고 써봐야 한다고.

신앙이 있는 나는 한 해가 시작되는 날에 무조건 다짐하는 게 있다. 이번 년도에는 성경 한 권을 통독하리라. 하루에 다섯 장만 읽으면 1년에 성경 한 권을 통독할 수 있다. 그런데 그 계획은 여느 계획과 마찬가지로 며칠이 지나면 내 기억 속 저 멀리 잊혀진다. 그리고 당장에 급한 일들을 허겁지겁 해나간다.

성경을 써봐야지 생각했던 적은 없었다. 작가 언니의 말을 듣고 나서 성경을 필사해봐야겠다고 생각했다. 노트 한 권을 준비했고 성경을 쓰기 시작했다. 성경을 필사하다 보면 내가 가지고 있던 분노와 미움의 감정들이 사그라지는 것을 느낀다. 그리고 마음속에 평화가 찾아온다. 지금은 힘들거나 우울할 때 성경을 쓰고 있다.

마음속의 번잡한 생각과 고민들로 밤잠을 설쳐본 경험은 누구나 다 가지고 있을 것이다. 그럴 때는 육체적인 단순노동이나 운동을 해서 몸을 피곤하게 만드는 것도 효과적이다. 그러면 마음속을 어지럽히는 생각들은 잠재워진다. 필사도 이와 같은 원리다. 글을 쓸 때 생각이 꼬리에 꼬리를 물다 보면 부정적인 감정에 휩싸일 때가 있다. 필사도 육체적인 노동의 한 형태라 생각을 단순화시키며 평안과 안정을 찾게 한다. 그뿐 아니라 필사를 했던 문장들은 나도 모르게 체화되어 더 좋은 문장을 쓸 수 있게 한다.

'필사'는 이렇게 마음에 평화를 가져다주기도 하지만 배움의 과정에 있을 때도 기가 막힌 효과를 발휘한다. 대학원 진학을 위해 영국 유학을 준비하던 시절이 있었다. 한국 대학원이 2년에서 많게는 3년 과정인 것에 비해 영국 대학원은 1년 만에 학위를 딸 수 있다는 매력이 있다. 공부의 강도는 더 세긴 하지만 말이다.

영국이나 호주 등의 유학이나 이민을 위해선 IELTS 시험을 보고 일정 점수 이상을 받아야 한다. IELTS는 Listening, Reading, Speaking, Writing으로 이루어지는데, 우리나라 수험생들이 가장 어려워하는 부분이 Speaking과 Writing 부분이다. 그때도 나의 필사 습관이 능력을 발휘했다. 잘 써진 Writing 샘플을 가지고 하루에 한 개씩 필사하기 시작했다. 그렇게 쓰다 보니 시험에 나오는 모든 주제들을 섭렵하고 원하는 점수를 받을 수 있었다.

그런데 왜 학교에 가지 않았냐고? 학교에 가면 1년을 밤낮없이 학교 공부에만 매달려야 하는데 그러기에는 조금 아깝다는 생각이 들었다. 아이러니하게도 합격 발표가 난 순간, 필요한 지식은 이미 한국 학교에서 그리고 현장에서 체득을 했다는 생각이 들었다. 왜 하필 그 순간에 그런 느낌이 들었는지.

그냥 학교라는 보호막을 포기하고 아무것도 없이 날 것 그대로 낯선 곳에서 살아보기 프로젝트를 계획했다. 그래서 영국에서 당시 '웨스트엔드'에서 공연되고 있는 모든 뮤지컬을 관람하고 분석했다. 그 당시는 방송작가를 접고 뮤지컬을 공부하며 또 다른 꿈을 꾸고 있을 때였다.

예전의 '학습'이라는 개념은 있는 지식을 전달하는 것이었다. 그 지식을 받아들이고 많이 아는 사람을 똑똑하다고 했다. 내가 생각하는 학습의 개념은 사회에 통용되는 지식 위에 나의 생각을 더하는 것이다. 우리는 교육을 받으면서 먼저 앞서간 사람들이 말하는 것을 그대로 말하면서 나의 생각이라고 칭하는 경우가 있다. 그런 우를 범하지 않으려면 생각하고 사유하는 힘을 길러야 한다. 그것은 '나'를 제대로 아는 가치관에서 시작이 된다.

나는 '나'에 대해 알기 위해 무던히도 노력했던 사람이다. 예전에 남과 비교하며 내가 가지지 않은 것들에 대해서 부러워하던 것들이 나를 바로 알게 되고 나를 있는 그대로 인정함으로써 사라지게 됐다. 그게 바로 기본으로 돌아가서 내 인생에 긍정적인 영향들을 줄 수 있는 좋은 글들을 찾아 필사하면서 생긴 힘이 아닐까 한다.

　이 글을 쓰면서 '필사의 힘'에 대해 다시 한 번 생각을 하게 됐다. 필사를 하면 글 쓰는 실력이 향상되는 것은 당연지사다. 집중력이 높아지고 어떤 분야에서도 전문가가 될 수 있다. 또한 마음의 치유는 말할 것도 없다. 전문 분야에서 프로가 되고 싶은가? 뭔가 배우고 있는데 실력이 늘지 않는가? 마음이 불안해서 자꾸 사람을 찾게 되는가? 관련된 글을 골라 당장 필사를 하라. 많은 시간도 아니고 하루 한 시간이면 된다. 하루 한 시간, 좋은 문장을 필사하여 인생을 조금씩 바꿔나가는 것은 어떨까?

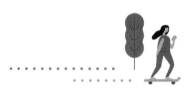

매일 쓰는 감사
일기의 힘

인생은 롤러코스터라고 흔히들 말한다. 롤러코스터 타는 것을 예로 들어보자. 올라갈 때는 기대감을 가지고 올라가는데 꼭대기에서 맞는 건 내려갈 일이다. 그렇다고 내리막으로 끝나는 것은 아니다. 올라갔다 내려갔다 하는 것을 몇 번 반복하다 보면 어느 순간 끝이 나 있다.

인생에서 내리막을 칠 때는 분명 존재한다. 그리고 그 시기를 우리는 '암흑'과도 같은 시간이라고 표현한다. 돌이켜보면 나에게도 아무것도 보이지 않는 터널 속에 갇혔던 느낌의 시간들이 있었다. 내 인생에서 큰 고비는 두 번 찾아왔다.

첫째, 20대 후반에 나와 맞지 않는 방송 프로그램의 작가로 일을 하면서다. 20대 초반부터 운이 좋게도 나와 맞는 프로그램, 그리고 그렇게 바쁘지 않았던 프로그램을 맡아 일을 했다. 그래서 다른 작가들이 막내 때 느끼는 힘들다는 감정을 느끼지 못했다. 방송 프로그램도 종류가 여러 가지라서 자기와 맞는 프로그램을 할 때는 모르지만 맞지 않는 프로그램을 할 때는 많은 고통이 뒤따른다. 비단 이 감정은 방송에만 국한된 것이 아닐 것이다.

둘째, 30대 초반에 학원을 운영하면서 나의 실수로 인한 것이 아니라 주변의 사건사고들로 나의 책임감의 무게가 커지며 코너로 몰리는 상황에 놓이면서다. 내가 저지른 일이 아닌 타인이 저지른 일을 수습하는 과정에서 굉장한 무기력감을 느꼈다. 그리고 그 감정은 순식간에 내 몸 전체에 전이가 되어 나를 아무것도 못하게 만들었다.

사람마다 주어지는 고통의 형태는 다르지만 고통이라고 느낄 때의 감정은 비슷할 것이라 생각한다. 깊이와 크기는 당연히 차이가 있겠지만, 누구는 말한다. 밑바닥을 쳐봐야 튀어오를 수 있는 힘을 얻을 것이라고. 하지만 내 감정과 상황이 밑바닥을 치는 상황에 있으면 그런 말조차 위로가 되지 않는다. 그 상황에서 딛고 일어서야 하는 것은 나 자신밖에 없다.

첫 번째 내 삶에서 위기를 맞았을 때는 "산이 있다고 해서 모든 산을 올라가야만 하는 것은 아니다."라는 말을 마음에 새기며 과감히 내려놓았다. 나에게 닥친 일은 모두 극복하고 이겨내야만 한다고 배워왔기에 내가 못하는 분야가 있다는 것을 인정하기까지가 굉장히 어려웠다. 하지만 그 당시에 '내가 오늘 차에 뛰어들어 교통사고가 나면 내일 생방송을 하지 않아도 되겠지?'라는 생각까지 갔기에 그만 둘 수 있었다. 그만두고 나니 또 다른 삶의 문이 열렸다.

두 번째 삶의 위기 때는 무기력이 나를 잠식해버려 옴짝달싹 못하게 만들었다. 하루는 침대에 누워 있다가 '이대로 가다간 우울증이 걸리겠다.'라는 생각을 하게 됐다. 뭐라도 해야겠다는 마음이 들었고 책을 찾아 읽기 시작했다. 하지만 내 마음이 시끄러우니 종이 위의 활자가 눈에 들어올 리 없었다. 안 되겠다 싶어 펜을 들고 종이에 무작정 뭔가를 적어 내려갔다.

그 당시만 해도 매일같이 터지는 사건사고들로 내가 많은 것을 잃고 있다고 생각했다. 그래서 내가 잃고 있는 것과 아직 남아 있는 것들에 대해 적어 보았다. 다 적고 나니 잃은 것보다 남아 있는 게 두 배 이상이었다. 그 종이를 뚫어져라 쳐다보고 있는데 갑자기 나도 모르게 감사가 나오기 시작했다. 그래서 남아 있는 것들에 대한 감사를 적기 시작했다. 그게 바로 나의 '감사 일기'의 첫 시작이었다.

감사한 일이 있을 때 감사하는 것은 누구나 할 수 있는 일이다. 하지만 그 반대의 상황에서도 감사할 수 있다는 것은 축복이고, 나에게 더 좋은 일들이 생기게 된다. 내 인생의 위기에서 나를 건져 올린 것은 누군가의 도움이 아니라 하루하루 사소하게 써 내려갈 감사 일기의 힘이었다. 감사 일기를 쓰면서 수렁에 빠져 있는 나의 감정 상태에서 빠져나와 객관적으로 나를 바라볼 수 있게 되었다. 그리고 어떤 상황이라도 바꿀 수 있다는 것을 알게 되었다. 결국 상황이 문제가 아니라 마음의 문제이고 마음으로 상황을 바꿀 수 있기 때문이다.

감사 일기 노트는 언제 어디서나 휴대할 수 있는 가벼운 것이 좋다. 언제 어디서나 감사할 거리가 생기면 적는 게 좋은데, 바쁘게 살다보면 실천하기가 힘들다. 나는 잠자리에 들기 전에 노트를 꺼내 그날 감사했던 일 다섯 가지를 적는다. 그러면 하루가 정리가 되고 기분 좋게 잠자리에 들 수 있다. 감사라고 해서 거창한 것들이 아니다.

1. 화창한 날씨에 감사
2. 같이 저녁 먹을 친구들이 있어서 감사
3. 가족이 있음에 감사
4. 보고 싶었던 영화를 볼 수 있음에 감사
5. 오늘도 무사히 하루를 살게 하심에 감사

이렇게 작고 사소한 감사라도 매일 꾸준히 하다보면 마음이 행복해진다. 그 이유는 바로 뇌의 활동과 관련이 있다. 감사함을 느끼면 뇌의 측두엽 중에서도 사회적 관계 형성과 관련된 부분과 쾌락 중추 부분이 상호작용해 도파민, 세로토닌, 엔도르핀 등의 행복 호르몬이 분비된다. 이로 인해 행복감을 느끼게 되는 것이다.

며칠 전, 친구가 휴대폰을 갑자기 떨어뜨려서 액정이 나가 생각지도 못한 돈을 쓰게 되었다고 했다. 중요한 전화 면접이 있었는데 바로 고칠 수 있어 감사하다는 말을 했다. 그리고는 면접을 잘 보았다. 누구든 이런 예상치 못한 상황이 발생하면 '왜 나에게 이런 일이 생겼을까?' 생각하며 그 상황에 함몰되는 경우가 있다. 하지만 친구는 오히려 그 상황을 감사로 돌렸고 더 좋은 행운을 끌어들였다. 그 말을 들은 나 또한 감사 일기에 하나를 더 추가할 수 있었다. 휴대폰을 떨어뜨리지 않고 멀쩡하게 사용하게 하심에 감사.

요즘에는 '감사 일기'의 항목에 다섯 가지가 더 추가 되었다. 내가 하고 싶은 것들, 갖고 싶은 것들, 되고 싶은 것들에 대해 미리 감사하는 것이다. 이미 이루어진 것처럼 쓰고 감사한다. 감사는 현재의 행복을 느끼게 하지만, 내가 원하는 미래로 바꿀 수도 있기 때문이다.

1. 한 달에 십일조를 백만 원 이상 할 수 있어 감사합니다.
2. 내 이상형의 남자와 좋은 가정을 꾸릴 수 있어서 감사합니다.
3. 내 책이 출간되고 베스트셀러가 되게 하심에 감사합니다.
4. 내가 쓴 뮤지컬 작품이 공연되게 하심에 감사합니다.
5. 남미 여행을 할 수 있게 하심을 감사합니다.

현재의 감사보다 조금 더 성의 있어 보이긴 하지만 매일 같은 내용을 반복적으로 적는다. 상상만으로도 행복해진다. 미래의 감사가 현재의 감사가 되는 순간 또 다른 미래의 감사를 꿈꿀 수 있을 것이다. 그리고 그 날은 머지않아 올 것이라는 예감이 든다.

오프라 윈프리는 매일 썼던 그녀의 '감사 일기'가 자신의 성공 비결이라고 했다. 존 밀러는 "사람이 얼마나 행복한가는 그의 감사의 깊이에 달려 있다."라고 말했다. 나는 감히 이렇게 말한다. '감사 일기'는 돈이 들지 않는 최고의 행복 비결이고 원하는 미래를 가질 수 있는 마법이라고.

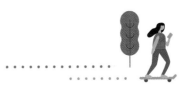

사람들과
'블로그'로 **소통**하기

나는 '아날로그적 인간'이다. TV보다는 라디오를, E-BOOK 보다는 종이책을 좋아하고 문자보다는 직접 얼굴보고 만나서 하는 대화를 선호한다. 이런 것을 아날로그적 인간이라고 말하기에 어폐가 있을 수도 있지만 그냥 이렇게 표현하고 싶다.

나는 기하급수적으로 변하는 디지털 시대에 발맞추어 가지 않겠다고 선포했다. '인간미'라는 것은 디지털이 만들어 놓은 세상에서는 실현될 수 없다고 생각했기 때문이다. 이건 또 무슨 '개똥철학'이었을까. 그렇게 나도 모르는 사이 '소통'의 단절을 겪고 있었다. 그러면서 세상이 나를 알아주지 않는다고 하소연했다.

단연 지금의 화두는 '소통'이다. 소통이 있어야 공부도 하고 친구도 만들고 연애도 한다. 소통이 안 될 때 우리는 답답함을 느낀다. 예전에는 한정적인 인간관계 안에서 대화를 했다면 지금은 세상에 살고 있는 어느 누구하고도 소통을 할 수 있다. 인터넷을 하고 문자를 할 수 있는 사람이라면 '말'보다는 '텍스트'에 기반을 둔 의사소통이 늘어나고 있다고 해도 과언이 아니다.

블로그, 트위터, 페이스북 등의 '소셜미디어'가 그 변화를 주도하고 있다. 사람들은 자신도 모르는 사이에 '글쓰기'로 많은 기회들을 누리고 있는 것이다. 그리고 글을 쓰는 이유가 의사를 소통하고 즐기고 주목을 받기 위함이 됐다. 누군가를 설득하고 평가받기 위해 쓰는 글이 아니라는 말이다. 사용하는 문장도 굉장히 짧아지고 경제적으로 변했다.

많은 소셜네트워킹서비스SNS가 있지만 내가 현재 사용하는 것은 페이스북과 블로그다.

나의 첫 페이스북의 시작은 해외여행에서였다. 해외여행은 세계 각지에서 오는 친구들을 만날 수 있다는 매력이 있다. 여행지에서는 그곳에서의 인연으로만 남겨놓자는 주의여서 굳이 연락처를 주고받지 않았다. 하지만 한국이 아닌 타지에 있을 때는 페이스북이 유용할 때가 많다. 관심 있는 페이지를 등록시켜 놓으면 실시간으로 정보들을 제공받을 수 있다. 전 세계를 대상으로 하기에 우리나라에서 일어나는 일들도 우리만의 시각이 아닌 전혀 다른 시각으로 볼 수 있다는 장점이 있다.

그리고 블로그는 20대 때 연극과 뮤지컬을 공부한다고 보러 다녔던 시절, 그것들을 차곡차곡 정리해 놓을 공간이 필요해서 시작했다. 대학 시절부터 모아 놓았던 공연 팜플릿들이 어쩔 수 없이 쓰레기통으로 직행해야 했던 순간, 나의 모든 추억들이 날아가는 것만 같았다. 물리적 공간이 아닌 다른 공간이 필요했다. 그래서 선택한 것이 블로그였다. 그렇다고 나에게 일상의 매 순간을 담아놓는 부지런함이나 글을 빨리 쓰는 순발력이 있는 것은 아니었다. 블로그를 하면서 느낀 것은 이것도 대단하지는 않더라도 꾸준한 '노력'이 수반되어야 한다는 것이다.

20대 때의 나는 시간만 나면 여행을 다녔다. 다행히 방송을 하다 보면 프로그램이 종영되고 다음 프로그램을 할 때까지 여유가 있을 때가 있다. 나는 프로그램이 끝남과 동시에 바로 비행기 티켓을 예약하고 세계 이곳저곳을 돌아다녔다. 아직 가보지 못한 곳도 많지만 나의 여행 모토는 최대한 '현지인처럼 살아보기'이다. 관광지보다는 그 나라 사람들이 사는 평범하고 소박한 모습으로 들어갔을 때 더 많은 재미를 느낀다.

그렇게 여행을 다니다보면 가끔은 한국 음식이 그립고 한국말을 하고 싶을 때가 온다. 그럴 때는 한인 민박에서 묵는다. 파리 여행을 갔을 때였다. 좀 지쳐 있던 탓에 한인 민박에서 오래 묵은 적이 있다. 그곳에서 '파워 블로거'라는 한 친구를 만났다. 그녀는 베트남에 거주하면서 일을 한다고 했다. 그녀의 블로그는 화장품과 맛집 투어가 주라고 했다. 그리고 더 놀라웠던 것은 여행을 함께 하고 있는 일행들이 블로그를 통해서 만난 친구들이라는 것이다. 그녀는

SNS를 삶에 제대로 활용하고 있었다.

"나는 뭔가 구설수에 오르는 게 싫어. 아무래도 SNS를 하다 보면 본의 아니게 실수를 하게 될 때도 있고 하잖아."

내가 그러자 그녀가 말했다.

"사람들의 입에 오르내리는 것보다 더 나쁜 게 뭔지 알아요? 사람들의 입에 오르내리지도 못하는 거래요. 나를 알릴 수 있는 모든 기회를 잡아야죠. 돈이 드는 것도 아니고, 요즘 사람들이 얼마나 자신을 알리지 못해 안달인데요. 난 블로그로 다양한 친구도 많아졌어요. 블로그를 잘하면 사람들을 찾아가는 인생이 아닌, 사람들이 찾아오는 인생이 되요."

내가 얼마나 세상과 소통하려 하지 않고 내 사고방식에 갇혀 있었는지 느끼게 하는 대화였다. 그 친구는 인터넷이라는 가치를 활용하여 자신만의 세상을 좀 더 풍부하게 영위하고 있었다. 내가 알고 있는 것들, 혼자서만 가지고 있지 말고 펼쳐 보이며 "나 여기 있어요!" 하고 외쳐야 할 것만 같았다. 아무것도 하지 않으면서 누군가가 찾아주길 바라는 것은 정말 어리석다는 생각이 들었다.

나의 블로그 키워드는 '공연'과 '여행'이다. 거기에 '글쓰기'도 추가가 되었다. 내가 관람했던 연극이나 뮤지컬 등에 대한 리뷰를 쓰고 여행과 읽은 책들에 대한 리뷰도 적는다. 여행기를 적으면 내가 다녀온 여행지를 가려는 이웃들이 방문하기도 한다. 블로그를 운영하면서 내 인생의 '보물 상자'가 하나 생긴 느낌이었다.

나 또한 나의 관심 분야에 대해 블로그를 운영하고 있는 사람들에게 이웃 추가를 해보기도 하고 글 속에서 많은 정보를 얻는다. 관심사가 비슷한 사람들과의 소통은 언제나 즐겁다. 내가 생각했던 '나만의 벽'을 깨고 세상 사람들의 이야기에 조금 귀를 기울이니 또 다른 세상의 재미를 느낄 수 있었다.

친구 가운데 한 명은 트위터와 인스타그램을 꾸준히 해오고 있었다. 얼마 전에는 7년 전에 트위터로 알게 된 언니를 만난다며 나를 초대했다. SNS를 하면서 연이 되어 직접 만나고 친구가 되기도 한다. 그들은 SNS로 정말 다양한 사람과 소통하고 있었다. SNS를 하면서 사람들이 똑같은 사안을 놓고 어떻게 생각하는지 바로바로 알 수 있어 SNS에 대한 칭찬을 아끼지 않았다. 다들 조그마한 사회 현상도 지나치지 않고 관심을 기울이는 사람들이다. 자신의 목소리를 바로 내고 그것을 들을 수 있고 이런 '소통'이 원활하게 이루어질 때 더 좋은 관계, 나아가 더 좋은 사회가 될 것이라고 생각한다. '소통'이 안 된다는 것은 서로의 생각에 관심을 기울이지 않는다는 거니까.

요즘 사람들은 정말 영리하다. 호기심으로 시작되었던 자신의 취미들도 그 정보를 그냥 두지 않고 새로운 가치로 연결시킨다. 블로그나 홈페이지, 트위터 등으로 새로운 콘텐츠를 만들어 나간다. 그렇게 자신을 브랜딩하기도 하고 많은 사람들과 소통한다. 아직 이 묘미를 모르는 사람들에게 권하고 싶다. 멋진 문장력의 글이 필요한 것도 아니고 쉽고 가볍게 자신의 생각을 전달할 수 있다. 재미있게 하다보면 나의 가치관과 맞는 사람들을 덤으로 얻는다.

필요한 것은 그냥 자신을 있는 그대로 던져 보이는 일이다. 남에게 어떻게 보일까 고민하지 말자는 거다. 그냥 내가 가진 모습 그대로 내 생각들을 보여주며 소통하면서 재미있게 살자는 말이다.

하루에 한 장,
인생이 정리된다

나는 미니멀라이프(일상생활에 필요한 최소한의 물건만을 두고 살아가는 삶)를 지향한다. 단순하고 깔끔한 삶을 살기 위해서는 '잘 버리는 것'이 중요하다. 잘 버리기 위해 나는 자주 정리를 하는 편이다. 어지럽게 물건이 놓아져 있으면 마음의 안정이 안 된다. 학창 시절에도 책상 위가 말끔히 치워져야 공부를 시작할 수 있었다. 누군가는 정리하는 것에 너무 시간을 쏟는 게 아니냐고 하지만 정리하는 게 습관이 되고 나면 오히려 시간을 벌 수 있다. 필요한 물건을 찾는데 시간을 낭비하지 않게 된다.

나와는 반대로 부모님은 어떤 물건도 버리지 않으신다. 오히려 어딘가에서 주워 와서 살림을 늘리신다. 부모님 댁에 가는 날은 나만의 정리가 이루어지는 날이다. 어디부터 시작해야 하나 하고 요리조리 눈을 돌리고 있을 때, 아빠가 말하신다.

"딸아, 아빠 방은 제발 건드리지 말아다오. 네가 청소를 하면, 뭐가 자꾸 없어진다."

사람마다 가진 성향은 다르지만 나는 주변이 잘 정리되어 있어야 인생도 잘 정리할 수 있다고 생각한다. 그것은 '삶의 정진'을 위한 필수 요소다. 연애를 할 때 과거에 헤어진 사람을 잘 정리해야 새로운 인연을 만날 수 있다. 인생도 마찬가지다. 인생을 살면서 하루하루를 잘 정리해야 새로운 내일을 살 수 있다. 그리고 잘 정리된 인생들이 모이면 나중에 어떤 힘을 발휘할지 아무도 모른다.

기사를 보다가 덴마크의 애프터 스콜레Efterskole라는 독특한 학교에 대해 알게 되었다. 기존의 공교육과는 구별되는 독자적인 자유교육 기관들 가운데 하나로 자유중등학교라고 불린다. 이 학교에서 덴마크 청소년들은 고등학교에 입학하기 전에 1년간 공식적인 '쉼'의 시간을 가질 수 있다. 학생들은 학교 교과과목에서 잠시 벗어나 자신의 인생과 진로에 대해 생각하는 시간을 갖는다. 그 기간 동안 자신의 존재 의미와 인생의 꿈을 발견하게 된다는 것이다.

정말 멋진 발상이라는 생각이 들었다. 나는 그 어떤 교육보다 자신에 대해 알게 되는 '가치관' 교육이 우선되어져야 한다고 주장하는 사람 가운데 하나다. 자신만의 고유한 가치는 누가 알려줘서 되는 것이 아니다. 좀 더 자유롭게 자신을 풀어주고 자신의 인생에 대해 정리하는 시간을 가지고 적극적으로 찾아나설 때 비로소 발견할 수 있다.

나의 10대는 이러한 '쉼'이 없었다. 아마 한국에서 중고등학교를 나왔다면 모두가 그럴 것이다. 하지만 내가 지금의 인생을 설계하고 살 수 있었던 것은 바로 의식적으로 했던 '일기 쓰기' 덕분이라고 본다. 비록 매일 쓰지는 못했지만 일상에서 특별한 이벤트가 있을 때나 새로운 다짐이 필요할 때, 그리고 알 수 없는 감정이 꿈틀댈 때, 나는 여지없이 내 앞에 보이는 종이에 생각나는 말들을 써갔다.

정신없이 종이 한 장을 채워가다 보면 이벤트로 인한 하루가 정리됨은 물론이고 알 수 없지만 좋지 않았던 감정들도 해결되었다. 무엇보다 다짐을 하면서 새로운 나로 다시 태어난 것만 같은 기분이 들었다. 그런 기분을 너무 자주 느끼긴 했지만 그렇게 쏟아내고 나서 다시 내일을 기대하며 잠자리에 들었다. 그렇게 나의 인생에 새로운 날들은 많아졌다.

우리는 꼭 새해 첫 날이나 생일 같은 특정한 날에 뭔가 새롭게 정비해야 한다고 생각한다. 그런데 왜 매일 새로워진다는 생각을 하지 못할까? 하루 10분, 한 장의 종이만 있으면 되는데 말이다. 뭔가 거창해야만 시작하는 기분이 들어서일 수도 있다. 하지만 가랑비에도 옷이 젖는다는 것을 기억하자. 계란으로 바위를 치면 깨질 수 있다는 것도. 하루 한 장으로 하는 인생 정리가 나중에 어떤 어마어마한 일들을 생기게 할지는 아무도 모른다.

뭔가를 쓰고 싶은데 삶에 이벤트도 없고 고민되는 것도 없고 그저 무미건조한 하루를 보내고 있다면 일기를 쓴다 생각해보자. 아마도 '일기 쓰기'라고 하면 제일 먼저 떠오르는 것이 초등학교 때 썼던 일기일 것이다. 아침에 몇 시에 일어났고 무엇을 했고 몇 시에 잠자리에 든다는 식의 하루 일과를 나열한 글 말이다.

처음에는 그런 글도 좋다. 아침부터 저녁까지 한 일을 순서대로 나열하는 거다. 일상의 이야기가 반복적이어서 지루하다고 느낄 때 쯤 나의 감정에 대해서 꺼내놓는 것도 괜찮다. 아니면 나의 삶에 영향을 주는 사람에 대해 글을 써도 된다. 일기라고 꼭 내 얘기만 쓰라는 법이 있겠는가!

쓰다가 그마저 소재가 다 떨어졌다 싶으면 미래를 상상하면서 쓰는 거다. 내가 하고 싶고 되고 싶고 갖고 싶은 '버킷리스트'라 불리는 것에 대해 말이다. 이렇게 과거와 현재와 미래를 넘나들면서 쓰는 글 속에서 인생이 정리되고 앞으로의 인생에 대해 갈피를 잡게 된다. 중요한 것은 꾸준히 하는 것이다.

나는 나에게 감정적으로 걸리는 일이 있으면 앞으로 나아가지 못한다. 어쨌든 일단 걸리는 감정은 해결하고 가야 한다. 그래서 내가 쓴 대부분의 글을 보면 에피소드의 나열보다는 어떤 사건으로 인해서 감정적으로 걸림돌이 될 때 쓴 글들이고 뒷부분은 꼭 새로워지겠다는 다짐을 덧붙인다.

의외로 사람들의 얘기를 들어보면 글을 잘 쓰고 싶어 하는 사람이 많다는 것을 알 수 있다. 꾸준히 글을 써야 한다는 습관의 중요성도 알고 있는데 너무 바빠서 글을 쓸 수 없다고 한다. 이렇게 말하는 사람들에게 글은 한 번에 마음먹고 몰아쳐서 쓰는 것이 아님을 일

깨워 주고 싶다. 조금씩 천천히 해야 하는 것이다. 자신만의 속도로 말이다.

대부분 글은 머리로 쓴다 생각하지만 그것도 아니다. 글쓰기도 운동처럼 몸이 체득해야 한다. 본인이 살아오면서 무의식적으로 반복해서 습관화된 행동들이 있을 것이다. 그런 것들은 큰힘을 들이지 않고도 할 수 있다. 글쓰기를 그렇게 만들자는 이야기다. 매일 하루 한 장이면 된다.

스페인에 있는 산티아고 순례 길을 한 달여 넘게 걷고 한국에 돌아와서 그 에피소드들을 바탕으로 '여행 뮤지컬'을 써야겠다는 생각이 들었다. 한꺼번에 쓰려고 하니 부담만 몰려왔다. 그래서 일단 뮤지컬 말고 여행기를 정리하자는 생각이 들었다. 전체적인 정리가 되어야 극도 쓸 수 있을 것 같았다. 욕심 부리지 말고 하루에 한 장씩만 써가자고 계획을 세웠다.

길을 걸으면서 매일 수기로 정리했던 노트를 보면서 '하루에 한 장'씩 글을 썼다. 쓰다 보니 그 당시 울고 웃었던 모든 상황들이 생각났다. 그렇게 38일 간의 여행기를 완성할 수 있었다. 여행이 정리됨은 물론이고 나의 인생이 정리됐다. 그리고 그 기간 동안 임팩트 있는 에피소드들을 정리해 놓은 것을 바탕으로 캐릭터를 설정하고 내용을 구성해서 뮤지컬까지 완성할 수 있었다.

토마스 만(1875-1955)이라는 독일 소설가는 하루 종일 일하면서 하루에 한 쪽씩 글을 썼다. 날마다 한 쪽씩이면 1년이면 365쪽이 된다. 상당한 분량의 책을 1년에 한 권씩 쓴 것이다. 하루에 한 쪽 썼을 뿐인데 동서고금을 통해 가장 많은 작품을 써낸 작가의 한 사람이 됐다.

누가 아는가. 이 글을 읽는 당신도 하루에 한 장 쓴 글로 책을 출판할 수 있을지. 또 그 책이 베스트셀러가 될지. 이건 무리라고 해도 하루에 한 장 글쓰기로 인생이 정리된다는 것은 사실이다. 이것 하나만으로도 충분한 가치가 있지 않은가. 부디 바빠서, 시간이 없다는 핑계로 이 귀중한 의식을 놓치지 않기를…….

제 4 장

자존감을
높이는
글쓰기 전략

관점을 바꾸면
글감이 보인다

글쓰기를 시작하는 사람들이 가장 어려워하는 부분은 쓸 '소재'가 없다는 것이다. 음식을 할 때는 식재료가 필요하고 가구를 만들 때는 나무나 철제가 필요하듯이 어떤 새로운 결과물을 내기 위해선 '재료'가 있어야 한다. 공부하는 학생이나 업무에서 성과를 내야 하는 직장인의 재료는 책과 업무 매뉴얼에서 찾을 수 있다. 그렇다면 글쓰기 소재는 과연 어디서 찾을 수 있을까?

많은 사람이 '자신의 경험'이라고 말한다. 그런데 자신이 했던 경험이 많지 않고 글을 쓰기에는 특별하지 않다고 생각한다. 특별함을 찾다 보면 끝도 없다. 오히려 자신이 다니는 평범한 길에서 글감을 찾을 수 있다. 내가 평범하게 생각했던 모든 것과 행동이 글의 소재가 될 수 있다는 말이다. 같은 길을 가더라도 만나는 사람이 다르고 같은 사람을 만나는 직장이라도 일어나는 사건이 다르다. 이렇게 일상에서 만나는 다양한 '재료'들을 무심코 넘겨버리지 않는다면 글을 쓸 소재거리는 넘쳐난다.

나의 경우만 하더라도 길을 가다 우연히 마주친 사람, 똑같은 장소라도 그곳에서의 추억, 지하철이나 버스에서 보는 광고 문구, 미용실에서 봤던 잡지, 아무 생각 없이 시청했던 드라마나 영화, 친구와 나눴던 말 중 멋진 조언 등 생각지도 못했던 다양한 곳에서 글을 쓸 수 있는 소재들을 만난다. 어떤 단어가 될 수도 있고 문장이 될 수도 있고 그림이 될 수도 있다. 한참을 바라보고 있으면 그것들이 내게 말을 걸기 시작한다. 그리고 생각의 확장으로 이어진다. 그 생각들을 풀어놓지 않으면 안 될 것 같아 글을 쓰기 시작한다. 이러한 일상에서 오는 작은 자극들에게 반응하며 그 자극에 생기를 불어넣어주는 작업이 바로 '글쓰기'다.

우리가 지금 해야 할 것은 그 자극들에 자신을 노출시키고 조금은 세밀한 시선으로 바라보는 일이다. 그렇게 안테나를 높이 세우고 세상을 바라보다 보면 모든 사물과 사건이 의미 있게 다가온다. 무엇 하나 버릴 게 없는 인생이 된다. 좋아하는 것은 더 좋아하게 되고 싫어하는 것도 좋아하게 된다. 똑같은 일이 반복되는 것 같지만 그 안에서도 의미를 찾으며 항상 새로움을 느끼게 된다. 그 감정은 돈을 주고도 살 수 없는 것이다.

많은 사람이 자신의 삶에는 새로운 게 없고 늘 똑같은 일상이라

지겹다고 종종 말한다. 하지만 세심하게 들여다보면 똑같은 일을 하는 공무원이라 하더라도 하루하루 처리해야 하는 업무는 다르고 민원이 오는 것도 다르다. 가게를 하는 주인이라도 매일 오는 손님이 다르고 같은 학생들을 가르치는 선생님이라도 가르치는 내용은 다를 것이다. 내가 지금 이 글을 쓰고 있는 순간에도 나는 어제와 똑같이 앉아서 글을 쓰고 있지만 시간이 다르고 집중도가 다르고 느끼고 있는 감정이 다른 것이다. 허투루 가는 시간은 단 한 순간도 없다. 생활 속에서 이런 생각의 습관이 장착될 때 '활력'이 더해지며 계속 성장하는 자신을 발견할 수 있게 된다.

세상을 사는 관점을 조금씩 바꿔서 글을 쓸 수 있는 '소재'까지는 발견하겠는데 그것을 어떻게 연결을 지어야 할지 모르겠다고? 조금 구체적인 예로 들어가 보도록 하자. 모든 접근법을 질문으로 시작해보는 것이다.

굉장히 일상적인 예로 내가 커피숍에 앉아 있다고 하자. 혼자 책을 읽고 있는데 앞에 어떤 여자가 와서 앉더니 울고 있는 것이 보인다. '저 여자는 왜 우는 걸까?' 질문으로 시작하는 것이다. 그러다보면 우는 이유에 대한 여러 가지 상상력이 발휘된다. 그것들을 하나씩 써가는 것이다. 남자친구와 이별을 했을 수도 있고 누군가에게 좋지 않은 말을 들어서 갑자기 터진 눈물일 수도 있고, 아니면 반대로 너무 좋은 일이 있어서 흘리는 기쁨의 눈물일 수도 있다.

생각을 하다보면 내가 눈물을 흘렸던 어떤 경험이 생각이 난다. 그때 떠올랐던 경험과 느낌을 쓰는 것이다. 그러다 어떤 지점에서 맞닿았을 때 그 당시에 느낄 수 없었던 감정을 느낄 수도 있고 객관적인 시선에서 어떤 깨달음을 얻을 수도 있다. 울고 있던 한 여자의 모습을 통해 내 감정을 건드리며 깨달음을 주는 글을 쓸 수 있게 되는 것이다.

또 하나 예를 든다면, 내가 지금 살고 있는 곳이 전에는 변화가 없는 곳이었다. 그런데 방송에 한 번 나가고 나서 하루가 다르게 많은 변화를 이루고 있다. 매일 다니는 길인데 새로운 상점들이 많이 생겨난다. 그 상점들에 대한 묘사를 해보는 것이다. 기존의 상점이 문을 닫고 새로운 인테리어가 들어간다. 그러면 또 어떤 분야의 상점이 생길까에 대한 호기심이 든다. 인테리어의 색이나 분위기들을 조합해서 나만의 예상 목록을 작성해보는 것이다.

또한 상점들을 지나치다 보면 줄이 많이 서 있는 곳이 있고 바로 옆에 있는 상점인데도 손님들이 없는 곳도 있다. '왜 저기는 사람이 많을까?'라는 질문으로 시작해보는 것이다. 그리고 이 질문을 그냥 마음속으로만 생각하지 않고 글로 작성해보는 것이다. 그렇게 분석이 되면 하나의 '보고서'가 탄생하게 될 수도 있다. 누가 아는가! 그렇게 분석한 나의 글로 인해 나중에 내가 어떤 사업을 하게 될지. 또 그것이 소위 말하는 '대박'을 치게 될지. 사소한 글이 내 인생의 설계도가 될 수도 경영 수업이 될 수도 있다는 말이다. 그것도 인생을 아주 근사하게 바꿔줄 수 있는. 사소한 일에 안테나만 세웠을 뿐인데 실로 대단한 결과를 가져다 줄 수 있지 않은가?

만약에 이것이 습관이 되지 않아 나의 경험까지 연결시키는 것이 힘들다고 한다면 어떤 현상을 봤을 때 떠오르는 단어들만 써놓아도 괜찮다. 떠오르는 단어들을 한 종이에 써놓고 그 다음에 그 단어들로 짧은 문장을 만드는 일을 할 수 있다. 짧은 문장이 나오면 그와 연결된 어떤 생각들이 꼬리에 꼬리를 문다. 그것들을 그냥 생각나는 대로 적어간다. 그러다 보면 이야기를 만들어내는 능력이 향상이 되고 그렇게 실로 글 쓰는 능력도 향상이 된다.

중요한 것은 어떤 사물이나 현상을 봤을 때 그냥 지나치지 않는 것이다. 어떤 사건이 내 눈에 '인식'이 되고 어떤 '정보'가 내 귀에 들려왔을 때 그것을 이용하여 자꾸 무언가를 조합하고 만들어내는 연습을 하는 것이다. 그러다보면 나만의 생각을 정리하고 내 생각을 누군가에게 설득하고 주장하는 것에도 베테랑이 될 수 있다. 이 모든 것은 관점 하나에서 시작된다.

나를 보는, 내 주변을 보는, 더 나아가서 세상을 보는 '관점' 하나만 바꿔도 우리의 인생을 바꿀 수 있는 글쓰기의 재료인 '글감'들은 넘쳐난다. 그리고 아무리 내가 싫어하는 것이라도 관점 하나를 바꾸면 얻을 거리는 있다. 이처럼 열린 마음으로 모든 사물을 바라볼 때 내가 변화된다. 인생의 글감을 퍼 올릴 수 있는 '두레박'은 결국 나의 '관점'에 달려 있는 것이다.

생활 속에서의 호기심을 '왜'라는 질문을 가지고 끊임없이 탐구하고 나만의 시스템으로 체계화시킨 사람은 분명 그렇지 않은 사람과 다른 인생을 살게 된다. 똑같이 나에게 벌어진 일상이었는데 그것을 무심히 지나친 사람은 자신에게 어떤 기회가 왔을 때도 그 기회

마저 무심히 흘려버릴 것이다. 이미 그런 모습이 습관이 되었기 때문이다. 관점을 바꿔서 작은 것이라도 자신에게 적용하고 배울 것을 찾는 사람은 매일매일 조금씩 성장을 해서 어느 순간 자신도 모르는 사이에 인생이 바뀌어 있는 것을 알게 될 것이다.

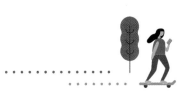

콘텐츠
사냥꾼이 되라

"괜찮은 콘텐츠가 없어요. 어떻게 글을 쓰죠?"

"콘텐츠를 어떻게 개발해야 되죠?"

"다른 작가의 글을 보면 주눅이 들어요. 난 특별한 콘텐츠가 없는데⋯⋯."

글을 쓰려고 하는 사람들에게 '콘텐츠'에 대한 고민은 당연하다. 나 또한 이 부분에 대해 항상 고민을 해왔다. 완성된 콘텐츠를 갖는 것은 내 오랜 바람이었다. 내가 완벽하게 배웠을 때 양질의 콘텐츠를 만들 수 있을 것 같아서 배움에만 힘썼다. 그냥 앉아서 '글'을 쓰면 되는 것인데 말이다. 본질은 외면하고 주변만 맴돌았다. 내가 마음에 드는 남자는 A인데 고백하는 게 두렵다고 B, C들만 만나는 것과 같다.

하나의 콘텐츠를 탄생시키기 위해서는 삶의 에피소드들을 가공하는 작업이 필요하다. 즉 스토리텔링을 해야 한다는 것이다. 그러기 위해서는 삶의 매 순간 에피소드 사냥꾼이 되어야 한다. 좋은 콘텐츠를 만든다는 것은 삶의 에피소드들을 어떻게 버무리느냐에 달려 있기 때문이다. 영감과 느낌으로만 콘텐츠를 생산해낼 수는 없다. 그렇기에 우리는 일상에서 관찰력을 키워야 한다.

나의 경우에는 가족들과 친구들의 행동을 유심히 관찰한다. 그리고 그들과 했던 나의 대화가 주로 에피소드가 되어 스토리텔링 작업을 거쳐서 하나의 콘텐츠로 탄생된다. 에피소드를 찾는 것은 처음이 어렵지 계속하다 보면 쉬워진다. 아무 의미 없어 보였던 나의 경험과 만난 사람들이 의미 있게 다가온다. 그렇게 나에게 다가온 날 것 그대로의 에피소드들로 어떤 콘텐츠를 만들 것인지 직감적으로 알게 된다. 그리고 그것들을 어떻게 구성하느냐에 따라 색다른 맛을 낸다. 그렇게 콘텐츠 사냥꾼이 되어간다.

낚시를 해서 팔딱이는 싱싱한 생선을 잡았다고 생각해보자. 이것을 그대로 먹을 수는 없다. 회를 쳐도 되고 구이를 하거나 아니면 찜이나 조림을 해서 먹을 수도 있다. 좀 더 맛있게 먹을 수 있도록 요리하는 것, 그것이 바로 '스토리텔링' 가공 작업인 것이다.

자신의 일상의 경험들이 콘텐츠로 될 수도 있지만 지나가다가 본 한 컷의 사진이나 이미지가 콘텐츠가 될 수도 있다. 거기에 상상력이라는 조미료만 조금 더한다면 말이다.

여행 사진을 우연히 정리하다가 하나의 사진에서 시선이 멈췄다. 산티아고 길을 걸었을 때 찍은 사진인데 내 앞에 노부부가 손을 잡고 걸어가고 있었다. 할아버지는 190cm 정도로 키가 컸고 그에 비해 할머니는 키가 굉장히 작았다. 그 모습이 아주 인상적이어서 사진으로 담아냈다.

그 사진을 보고 상상의 나래를 펼치며 글을 적어 내려갔다. 당시 뉴스에서는 '위안부' 문제가 이슈가 되고 있던 상황이었다. 그 내용을 이미지에 대입하기 시작했다. 할머니는 한국 여성으로, 키가 큰 할아버지는 미국인으로 설정했다. 제목은 '어느 노부부의 기막힌 인연'이다.

1950년 대한민국의 어느 평화롭던 마을, 10대의 예쁘장한 소녀는 밭을 매고 있다. 6.25 전쟁이 발발하고 소녀는 영문도 모른 채 어딘가로 끌려가고 있다. 끌려간 곳은 바로 미군기지의 위안부. 당시 일본군 위안부로 끌려간 소녀들이 더 많았지만 미군기지로 끌려간 사람들도 있었다. 소녀는 미군들의 겁탈과 횡포 속에서 살아가지만 그곳에서 자신을 진심으로 대해주는 한 남자를 만난다. 하지만 그 소녀는 모든 것이 두려웠다.

그러다 그 남자의 아이를 갖게 된다. 미군기지는 철수하고 미군들은 고국으로 돌아가야 하는 상황. 남자는 여자에게 다시 한국으로 오겠다는 말과 함께 떠난다. 하지만 그 둘은 만날 수 없었다. 둘 사이에서 태어난 아이가 어느 덧 성인이 되고 자신의 아버지가 궁금해서 아버지를 찾기로 한다.

그렇게 찾은 아버지는 오히려 자신이 한국에 다시 오려고 노력했지만 안 됐던 사연들을 풀어놓는다. 이렇게 찾아줘서 오히려 고맙다고 한다. 그렇게 할아버지와 할머니는 황혼에 다시 만나 행복하게 살게 된다. 그리고 두 분은 손잡고 산티아고 순례 길에 오른다.

사진 한 컷의 이미지에서 떠오르는 것을 스토리텔링해보았다. 단순히 지나칠 수 있었던 한 컷의 이미지다. 하지만 내 마음을 붙잡는 무언가가 있었다. 그냥 상황을 설명하거나 묘사로 끝낼 수도 있는 글이었다. 할머니 할아버지의 뒷모습에 담긴 깊은 스토리가 궁금했다. 내용이 좀 조악하긴 했지만 상상력을 발휘해 하나의 짧은 시놉시스를 탄생시켰다.

콘텐츠 사냥꾼이 되면 책을 읽는 자세도 달라진다. 이제까지는 그냥 저자의 생각을 받아들이는 수동적인 독서를 했다면, 책을 읽으면서 아이디어를 찾기 위해 굉장한 집중력을 발휘하게 된다. 모든 것을 내가 경험할 수는 없기 때문에 책을 읽으면서 콘텐츠를 찾는 것도 좋은 방법이다. 책을 읽다가 좋은 구절이 나오면 적어 놓고 콘셉트를 잡아 글을 써보는 것이다.

얼마 전, 어린왕자라는 책을 다시 읽게 되었다. 워낙 유명한 구절이 많은 책이다. 그 중에서도 나의 마음에 다시 한 번 와닿은 대사를 적었다.

"세상에서 가장 어려운 게 뭔지 아니?"
"흠. 글쎄요, 돈 버는 일? 밥 먹는 일?"

"세상에서 가장 어려운 일은 사람이 사람의 마음을 얻는 일이란다."

　이 글을 보면서 최근 소원해진 친구와의 '관계'를 떠올렸다. 그리고 내가 예전에 사람의 마음을 얻기 위해 행동했던 것들을 떠올려보았다. 그렇게 관계에 대한 나의 생각들과 나의 에피소드들을 쓰면 또 하나의 글이 탄생하게 된다. 책 한 구절을 보고도 콘텐츠를 만들 수 있다.

　또한 TV나 영화를 볼 때도 콘텐츠 사냥꾼이 된다. 공연을 볼 때도 마찬가지다. 드라마나 영화 같은 경우에는 스토리의 구성을 초점으로 보게 된다. 어찌나 감정 이입을 잘하는지 사소한 것에도 잘 웃고 눈물을 잘 흘린다.

　예능 프로그램은 잘 보는 편은 아니다. 요즘에는 강의 프로그램을 주로 찾아서 보게 된다. 강의 프로그램을 보다보면 몰랐던 새로운 사실을 알게 되거나 시각을 다양화할 수가 있다. 때로는 감동을 느끼기도 하고 마음이 치유되기도 한다. 강의 프로그램에서 콘텐츠를 찾게 되는 경우도 있다. 그래서 항상 TV 옆에 메모지와 볼펜은 필수다.

　신문 기사나 잡지들도 잘 활용하는 편인데, 하나의 인상 깊은 기사를 읽고 나면 눈을 감고 긴 내용을 내면에 짧게 요약하는 습관을 기른다. 그렇게 내면화된 내용은 언제 어디선가 내가 필요로 할 때 떠오르기 마련이다.

　어떻게 보면 보통 사람들이 휴식을 위해 하는 것들을 그냥 지나치지 않고 매사에 이렇게 사냥꾼이 되어 생활을 해야 한다면 피곤하다고 생각할 수도 있다. 그런데 오히려 그래서 삶에 더 활력이 생긴다. 모든 사물과 상황이 의미 있게 느껴져 삶이 지루할 틈이 없기 때문이다. 그리고 일상생활만을 잘 관찰해서 훌륭한 콘텐츠를 만들 수 있다면 그 정도는 얼마든지 감수해야 하지 않을까?

내 방 벽에는 항상 세계지도가 붙어 있다. 세계지도를 보고 있으면 괜히 가슴이 뛴다. 어릴 때는 다른 나라에 가는 것이 달나라에 가는 것만큼이나 멀게 느껴졌다. 하지만 지금은 아니다. 훌륭한 콘텐츠로 전 세계의 사람들과 소통하고 싶은 것이 하나의 꿈이다.

인생에 이야기가 없는 사람은 단 한 명도 없다. 그리고 어떤 이야기가 사람들을 웃기고 울릴지는 아무도 모른다. 누가 가져다주기를 기다리고만 있으면 맛있는 재료를 찾을 수가 없다. 콘텐츠가 없다고 투덜대지 말고 일상생활에 대한 관찰력을 키워보자. 그리고 나와 함께 콘텐츠 사냥꾼이 되어보자.

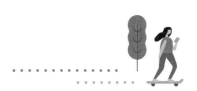

아이디어를
스케치하며 **글쓰기**

아이디어를 스케치하며 글을 쓴다는 것은 무엇을 의미할까? 두 가지 의미로 해석할 수 있다고 생각한다. 첫 번째는 글을 쓸 때 밑그림을 그린다 생각하고 쓰는 것이다. 완성된 글을 써야 한다는 부담을 내려놓자는 것이다. 두 번째는 그림을 그리듯이 쓰는 것이다. 설명하지 말고 글을 읽으면 상상이 되면서 그림이 그려지는 그런 글 말이다.

그런데 이런 글을 쓰기에 앞서 중요한 것은 아이디어를 먼저 찾는 일이다. 아이디어를 찾기 위해서 우리는 복잡함 속에서 방황하지 말아야 한다. 그림 이야기가 나와서 하는 말이지만 나는 정말 그림을 못 그린다. 어렸을 때 미술학원을 다녔으면 좀 나았을라나? 하지만 학원에 다니지 않고도 그림을 곧잘 그리는 사람들이 있다. '어쩌면 그림은 타고난 재능과 감각이 있어야 가능하겠구나.'라는 생각을 하기도 했다. 그림을 잘 그리고 싶은 열망은 컸지만 그 열망이 배움의 노력으로 연결되지는 못했다. 배우고 싶어도 이상하게 적극적으로 손이 가지 않는 분야였다. 나는 주변을 깨끗이 정리하는 능력은 타고났지만 미적 감각은 별로 없는 듯했다. 그래서 나의 그림은 여전히 '졸라맨' 수준이다.

어느 날, 친구가 일주일에 한 번 카페에서 '드로잉 모임'을 갖는다며 나를 초대했다.

"난 그림 못 그리는데 내가 가도 되는 자리야?"

"전혀 상관없어. 그림 잘 그린다고 오는 자리 아니야. 자유로운 분위기고 사람들도 되게 좋아. 그림 그리다 보면 복잡한 생각들이 언젠가 단순해져서 좋을 거야."

일단 많은 다양한 사람이 온다는 말에 흥미가 갔다. 그리고 무엇보다 장소가 사는 집과 가까웠다.

카페에서 각자의 음료를 시키고 앉아서 처음 온 사람들이 간단하게 자기소개를 했다. 외국인들과 한국인들이 함께 하니 뭔가 더 자유로운 분위기가 느껴졌다. 모임을 주관하는 친구가 하얀 A4용지를 한 장씩 주었다. 그리고 앞에는 형형색색의 색연필이 놓여 있었다. '이걸 가지고 뭘 하라는 거지?' 하고 생각하고 있었다.

"각자 그리고 싶은 그림을 그리면 됩니다. 그리고 옆으로 전달해 주세요."

일단 나는 종이를 받아서 '졸라맨'을 그리기 시작했다. 열심히 그리고 있는데 왼쪽에서 종이가 전달되었다. 하는 수없이 나는 그리던 그림을 멈추고 오른쪽으로 내 그림을 전달하고 받은 그림에 또 '졸라맨'을 그렸다. 이제야 이 방식을 이해할 수 있었다. 혼자 그리는 것이 아니라 각자 스토리를 조금씩 보태어 그림을 완성해가는 것이다.

처음에 '졸라맨' 한 명으로 시작했던 나의 그림이 한 바퀴 돌아서 나에게 왔을 때는 근사한 그림이 되어 있었다. 한 눈에 봐도 스토리가 보이는 그림. 각각 다른 종이가 나에게 올 때마다 흥미로웠다. 그림에 맞는 아이디어로 해를 그리기도 하고 동물들과 물건들을 그리기도 했다. 내가 그림을 잘 그리지 못해도 다른 사람의 그림으로 마법같이 변했다. 이게 진정한 협동의 힘이구나 생각했다.

언젠간 초등학교 아이들에게 '글쓰기'를 가르칠 기회가 있었다. 시골에서 자연과 벗 삼아 자라는 친구들이라서 어떻게 가르쳐야 할지 막막했는데 불현듯 이 '드로잉 모임'이 생각났다. 그냥 평범하고 딱딱하게 자기소개 글이나 일기, 감사 편지 등을 쓰라고 해도 됐지만 그렇게 수업하기가 싫었다. 시골 학교라서 학생들 전체가 그리 많지는 않았다. 다양한 학년의 아이들이 모였다.

책상에 동그랗게 앉히고 A4 용지를 나눠주었다. 일단 원하는 그림을 그리고 옆으로 전달하라고 했다. 그리고 처음 자신이 시작했던 그림이 완성되어 본인한테 돌아왔을 때 그것을 보고 이야기를 써보라고 했다. 아이들은 신나게 썼고 서로의 그림을 보며 재미있게 발표를 했다. 그리고 또 다른 시간에는 한 문장씩의 글만 적어서 하나의 이야기를 만드는 과정을 함께 했다. 수업은 꽤 성공적이었다. 글쓰기와 협동심, 이 두 마리 토끼를 다 잡을 수 있었다.

어떤 주제에 대한 글을 쓸 때 쉽게 써지는 경우가 있다. 반면에 아무리 생각해도 진도가 나가지 않는 주제들이 있다. 그럴 때는 부담을 내려놓고 이렇게 아이디어를 스케치하며 글쓰기를 하다보면 금방 감을 잡을 수 있을 것이라 생각한다. 그리고 즐겁게 글을 쓸 수 있는 아이디어가 있다면 언제든 주저하지 말고 시도해보았으면 한다.

미국에 글쓰기 열풍을 몰고 왔던 작가 나탈리 골드버그는 《뼛속까지 내려가서 써라》에서 이렇게 말하고 있다.

"글쓰기에 관련된 오래된 속담이 하나 있다. '말하지 말고 보여주라'는 말이다. 무슨 뜻인가? 이것은 이를테면 분노라는 단어를 사용하지 않고서 무엇이 당신을 분노하게 만드는지 보여주라는 뜻이다. 당신 글을 읽은 사람이 분노를 느끼게 하는 글을 쓰라는 뜻이다. 다시 말해 독자들에게 당신의 감정을 강요하지 말고 상황 속에서 생생하게 살아 있는 감정의 모습을 그냥 보여주라는 말이다."

'아이디어를 스케치하며 글쓰기'의 두 번째 의미와 통하는 말이라고 볼 수 있다. 글을 쓸 때 상황에 대한 나열과 설명이 가득한 글이 아니라 듣기만 해도 머릿속에 상상이 되는 글을 쓰자는 이야기다.

만약 한 번에 보여주는 글쓰기를 하는 게 힘들다면 '키워드'를 활용하는 것도 좋은 방법이다. 아이디어는 키워드에서 시작된다. 어떤 사물에 대해 설명하는 글을 쓸 때, 아니면 어떤 감정을 묘사를 할 때, 또는 일어난 상황에 대해 글을 쓸 때, 그것과 연관된 단어들을 '마인드 맵'으로 작성하는 것이다. 그리고 그것을 바탕으로 글을 쓴다. 핵심을 간추린 키워드에 살을 붙이면 한 편의 글이 완성된다.

아이디어를 스케치하며 글을 쓰다보면 이야기가 술술 풀린다는 것을 경험한다. 나는 그때의 그 감각을 사랑한다. 피터 엘보는 자신의 저서 《힘 있는 글쓰기》에서 글을 쓸 때 자신의 감각을 탐색할 여유가 필요하다고 말하고 있다. 자신의 감각을 탐색할 여유를 갖기 위한 방법으로 그림을 그리듯이 글 쓰는 것을 추천한다.

딱히 좋은 생각이 안 떠오를 때가 있다. 그때는 마음을 풀어놓고 아이디어를 스케치한다는 마음으로 그림을 그려도 좋다. 내가 그린 이미지의 그림이 이야기의 씨앗이 된다. 그러다 어느 순간 싹이 되어 올라오고 자라기 시작한다. 그때 글을 써가면 된다.

무슨 일이든 시작할 때 처음부터 너무 힘이 들어가면 안 된다. 처음부터 파이팅해서 잘되는 경우도 있다. 하지만 긴장과 부담을 조금만 풀어놓자는 이야기다. 좋은 아이디어와 글은 두뇌가 이완되었을 때 나온다. 네가 이기나 내가 이기나 보자의 마음이 아니라 조금은 자신을 풀어놓고 아이디어를 스케치한다는 마음으로 글을 써나가자. 무조건 잘해야 한다는 생각을 버리고 즐긴다는 생각으로 조금씩 해나가다 보면 어느 순간 완성된 글을 마주할 수 있을 것이다.

선택과
집중을 하라

우리는 살아가면서 매 순간 '선택'을 해야 한다. 아주 사소한 것에서부터 큰일까지. 선택을 하지 않으면 인생은 흘러가지 않는다. 예를 들어, 지금 내가 어딘가를 가야 하는데 갈지 말지를 생각하고 있다면 그 자리에 정체되어 앞으로 나아가지 못한다. 싫든 좋든 한 가지를 선택해야 하는 것이다. 선택을 할 때는 무엇을 해야 하고 무엇을 하지 말아야 하는지 우선순위에 대한 고민을 해야 한다. 그리고 중요한 것을 선택을 했다면 '집중'해서 앞으로 나아가면 된다. 그럴 때 인생에 대한 통제권을 쥘 수 있다.

글쓰기도 마찬가지다. 글을 쓰기 전에 먼저 어떤 소재로 글을 쓸 것인지 선택해야 한다. 그리고 어떤 방식으로 풀어나갈 것인지 고민해야 한다. 이 작업은 건축할 때 설계도를 짜는 것과 비슷하다고 할 수 있다. 여러 가능성에 대한 선택을 통해서 방향성을 먼저 설정해야 글이 주제에서 벗어나는 것을 방지하게 된다. 그렇다고 해도 나는 언제나 선택의 문제에서 고민을 많이 하는 편이다. 인생에서나 글에서나.

선택을 잘한다는 것은 어쩌면 잘 버리는 것과도 맥락을 같이 한다. 글을 쓸 여러 가지 주제가 있다고 하자. 거기서 일단 무엇을 써야 할지 추려내야 한다. 주제는 하나만 선택하는 것이 좋다. 그리고 그 주제에 맞는 글을 쓴다고 할 때 많은 사례가 있을 것이다. 일단은 떠오르는 사례나 경험을 적어놓되 그 중에서 주제에 맞는 것들을 골라내야 한다. 그러면 어떤 것들은 자연히 버려지게 된다. 이때 버리는 것을 아까워하면 글이 주제에서 벗어나는 것은 시간문제이다. 선택을 할 때는 버리는 것을 아까워하지 말아야 한다.

《대통령의 말하기》의 저자 윤태영 역시 선택과 집중에 대해 다음과 같이 말하고 있다.

"선택과 집중은 매우 중요한 덕목이다. 본인을 위해서도 청중을 위해서도 그렇다. 기꺼이 버리는 사람이 좋은 작가가 되고 뛰어난 연사가 된다. 인터넷 세상에서는 특히 그렇다. 다른 사람의 다양한 이야기 모두를 인내하며 들어줄 만큼 여유 있는 사람이 많지 않다. 속도가 경쟁력인 시대이다. 모두가 바쁘다는 사실을 전제하고 말해야 한다. 이를 위해서도 주제는 최대한 압축할 필요가 있다."

내가 전하고자 하는 주제에서도 장황하게 늘어놓을 것이 아니라 압축해야 한다고 말하고 있다. 간혹 사람들을 만날 때 처음부터 말이 많은 사람들이 있다. 처음에는 그 사람들이 굉장히 친근하게 다가온다. 하지만 말을 들으면 들을수록 핵심을 간파하지 못한다는 느낌을 가질 때가 많다. 정말 핵심을 아는 사람들은 처음부터 말이 많지 않다. 그리고 점점 가면 갈수록 은근한 매력을 발산한다.

엄마가 목회를 하면서 집에 있는 TV의 고정 채널은 기독교 방송이 되었다. 자연스럽게 TV에 나오는 여러 목사님의 설교를 듣다보니 글쓰기의 구성과 매우 비슷하다는 생각이 들었다. 의식적으로 생각하려고 했던 것은 아니다. 하지만 호소력 있는 목사님들의 설교에는 짜임새 있는 구성이 뒷받침되어 있다는 것을 발견했다. 그리고 사례와 경험들의 선택도 탁월하며 주제와 잘 부합이 된다는 것을 알았다. 어쩌면 설교나 강연도 그에 따른 원고를 뒷받침하기에 글쓰기와 말하기는 뗄 레야 뗄 수 없는 관계라고 말할 수 있을 것이다.

글을 쓰겠다는 마음을 가지고 어떤 글을 쓸지에 대한 선택을 했다면 집중할 수 있는 환경을 만들어야 한다. 많은 사람이 선택은 쉽게 하지만 그것을 해나가는 집중에서는 금방 흐트러지는 경향이 있다. 집중력도 연습이 필요한 기술이다. 연습이란 곧 반복을 의미한다. 집중력도 본인이 어떻게 하느냐에 따라 통제가 가능하다. 하지만 스마트한 시대를 사는 우리들은 끊임없이 봐달라고 울어대는 메시지나 SNS, 최신 뉴스 등의 알림으로 집중력을 잃는다. 스마트폰의 발달로 기다리거나 집중하는 인내력은 점점 줄어들고 바로바로 결과를 확인하고자 하는 욕구가 늘어난 것도 부인할 수 없는 사실이다.

런던 대학의 심리학자 글렌 윌슨 박사는 24시간 휴대폰이 켜져 있는 오늘날의 문화를 인포마니아informania라고 부른다. 윌슨 박사는 피험자를 두 그룹으로 나누어 계속 휴대폰이 울리고 메시지가 도착하는 방과 조용한 방에서 IQ 테스트를 실시했다. 기술의 방해를 받은 피험자는 IQ가 10점 감소했다. 윌슨 교수는 보고서에서 "인간의 두뇌는 한꺼번에 여러 가지 일을 할 수 없게 되어 있기 때문에 이런 현상이 일어난다."면서 "정보기기는 많은 장점이 있지만 과도한 사용은 정신 상태뿐만 아니라 사회생활에도 악영향을 준다."라고 말했다.

기술의 발달로 생활은 많이 편리해졌다고 하지만 반대로 우리들은 더 바빠졌다. 바쁜 시간들 속에서 우리는 시간을 아끼기 위해 두 가지 이상의 일들을 동시에 처리하는데 점점 익숙해지고 그것이 당연시되고 있다. 식사를 하면서 고객과 통화를 하거나 TV를 보면서 책을 읽거나 음악을 들으면서 글을 쓰거나 하는 일들 말이다. 그러면서 나름 두 가지 일을 한꺼번에 처리했다는 사실에 쾌재를 부른다.

나 또한 한 가지에 집중해서 일을 하기보다는 '멀티태스킹'이 더 익숙한 사람이라고 생각을 했고 그것이 바로 능력이라고 생각했다. 당연하지 않은가. 한 번에 하나의 일을 처리하는 것보다 동시다발적으로 여러 가지 일을 한꺼번에 처리하는 것이 효율적으로 보이니 말이다. 그런데 우연히 접한 기사에서 멀티태스킹이 실제적으로 효율적이지 않고 건강에도 해로울 수 있다는 사실을 알았다.

스탠퍼드대학 연구진은 우리 뇌에는 멀티태스킹 능력이 없다고 말하고 한 번에 두 가지 이상의 일을 하고 있는 것 같아 보이지만 두뇌가 빠르게 일처리를 바꾸는 것이라고 했다. 멀티태스킹을 하면 뇌에 무리한 자극이 가서 스트레스를 받고 결국은 지쳐서 우울증이나 수면 장애, 기억력 저하 등의 질병이 발생한다는 것이다. 고로 한 번에 하나씩 집중하는 삶을 사는 것이 우리 건강에도 좋다는 말이다.

나는 어떤 목표를 세우고 수행해나갈 때 시간을 정하고 그 안에서 최대한의 집중력을 끌어내기 위해 노력한다. 그 시간의 집중들이 모여 결과를 만들어내기 때문이다. 그런데 내가 일을 할 때나 글을 쓸 때 나의 집중력을 방해하는 것은 스마트폰이라는 것을 알았다. 그리고 그 시간만큼은 누구도 날 방해할 수 없는 환경을 만들기 위해 휴대폰을 꺼놓는 것을 선택했다.

이제는 절대 한꺼번에 두 가지 일을 처리하려고 하지 않고 한 번에 하나씩 처리하려고 노력한다. 멀티태스킹에 비해서 비록 속도가 빠르진 않더라도 말이다. 그렇게 집중해서 하나의 일을 끝내면 희열이 이루 말할 수가 없다. 나는 선택을 할 때 시간이 조금 걸리지만 한번 결정한 것에서는 돌아보지 않고 집중해서 한다는 장점을 가지고 있다.

어떤 목표를 설정하고 도달하는 데서 그만두고 싶게 만드는 습관이나 다른 방해 요소들이 있다면 먼저 파악해야 한다. 그리고 그 방해 요소들을 제거해야 한다. 그 방해 요소들로 인해 합리화하거나 포기하지 못하게 말이다. 또한 차별화된 결과를 만들어내기 위해서는 그것을 가능하게 하는 생활습관 목록이 필요하다. 그리고 일단 발걸음을 떼는 것이 중요하다. 인생에서나 글에서나 이렇게 '선택과 집중'을 하는 인생을 산다면 적어도 가보지 않은 길 때문에 후회하느라 시간을 낭비하는 일은 없을 것이다.

인생을 바꾸는 **글쓰기 3요소**
솔직, 자유, 뻔뻔

인생이 바뀐다는 의미는 무엇일까? 가난에서 벗어나 부를 이루는 일일 수도 있고 삶을 대하는 내 마음의 자세가 변하는 것일 수도 있다. 인생이 변화되려면 적어도 많은 돈을 가지고 있어야 하거나 시간을 들여 '노력'을 해야 한다. 하지만 우리는 최소한의 도구를 가지고 인생의 변화를 맛볼 수도 있다. 그 도구가 바로 '글쓰기'다.

글쓰기는 시간과 장소에 관계없이 누구나 할 수 있다는 장점이 있다. 그런 글쓰기를 안할 이유는 없지 않는가? 그 모든 변화 앞에 글쓰기가 매력적으로 들리는 이유이다. 그렇다면 인생을 바꾸는 글은 과연 어떻게 써야 하는지 알아보자.

첫째, 솔직 담백하게 써야 한다. 글을 쓸 때 글을 쓰는 목적이 무엇인가를 항상 생각해야 한다. 자신을 포장하고 싶어서 사실과는 다른 거짓을 쓰면 글의 방향은 계속 그쪽으로 흘러가게 된다. 솔직하지 못하다는 것은 아직 자신의 껍질을 깨뜨리지 않았다는 것이고 자신감이 없다는 뜻이다. 자꾸 진실을 쓰기 위해 노력해야 한다. 그 랬을 때 내가 변화할 수 있는 것이다. 더 나아가 주변 사람이 변화될 수도 있는 것이고.

자신의 인생에서 솔직할 수 있는 사람이 얼마나 될까? 매번 솔직하고자 노력하지만 상황에 따라 이 정도까지만 솔직해지자고 생각할 때도 있다. 사람마다 각자 가진 향기가 다르듯이 글에도 그 향기가 묻어 있다. 자신만의 향기를 내기 위해서는 최대한 솔직해야 한다. 솔직해진다는 것은 내가 보이고 싶지 않은 부분까지 다 드러내야 함을 말한다. 그런 척, 아닌 척, 잠깐은 할 수 있겠지만 결국 그렇게 쓴 글들은 읽는 사람으로 하여금 다 드러나게 되어 있기 때문이다.

예전에 나는 여행 관련 서적을 읽는 것을 굉장히 좋아했다. 내가 가보지 못한 세상에 대한 동경이 있어 여행 서적들을 읽으며 '꼭 나중에 가봐야지!' 하면서 꿈을 꾸던 시절이 있었다. 그때 읽었던 책이 기억이 난다. 대부분의 책이 여행지에 대한 설명과 에피소드의 나열이었다. 하지만 좀 다르게 공감되는 책이 있었다. 바로 박민우 작가의 《1만 시간 동안의 남미》이다. 우리는 일상에서 일을 하던 여행을 하던 사람들과 함께 한다. 그 속에서 우리는 관계에 대한 고민을 안할 수가 없다. 이 책에서 나는 여행을 하면서 사소한 것들에 마음을 쓰며 고민하는 작가의 순수한 면을 보았다. 그리고 그런 에피소드들이 참 재미가 있었다. 그런 솔직한 자신의 감정 상태까지 다 드러냈기에 공감을 더할 수 있지 않았을까 한다.

솔직하다는 것은 나를 드러낸다는 뜻이다. 있는 그대로 말이다. 하지만 누군가를 만났을 때, 나는 내 속마음을 드러내는데 상대방은 솔직하지 못하다면 어느 순간 불편해진다. 그리고 그 관계는 지속되지 못한다. 글쓰기도 마찬가지다. 글을 쓴다는 것은 내가 마주치고 싶지 않은 나의 못난 부분까지도 솔직하게 써야 함을 의미한다.

내가 꺼내 보이는 만큼 나는 변화될 수 있다. 그리고 그 솔직함과 마주했을 때 꽁꽁 묶였던 아픔의 감정이 치유될 수 있다. 정말 마주치지 않고 싶은 사람의 얘기를 쓸 때나 그것으로 인하여 나의 쓴 뿌리가 올라오고 그냥 피하고 싶을 때라도 마주하고 솔직하게 내 얘기를 적는 것이 중요하다. 간절히 내가 변화되길 원하고 성공하길 원한다면 나를 보이는 일에 주저하지 말아야 한다.

둘째, 자유롭게 써야 한다. 자유롭다는 것은 어떤 것에도 얽매이지 않다는 뜻이고 나를 향한 그 어떤 부정적인 시선도 거부하겠다는 뜻이다. '나는 나'라는 존재로서의 삶을 사랑하고 오롯이 즐기겠다는 뜻이다. 얼마나 멋진 삶의 자세인가. 우리는 이 삶의 자세를 글쓰기에도 적용해야 한다. 주입식 교육을 받아온 우리에게는 아마도 자유롭게 쓰는 것이 가장 약할 것이다. 자유롭게 글을 쓰라는데 도대체 자유롭게 쓴다는 것이 무엇인지도 모르겠다는 말을 많이들 한다.

글을 쓸 때 자유롭게 쓰지 못하는 이유는 어떤 형식에 얽매여서 그런 것이고 잘 써야 한다는 강박관념을 가지고 있어서다. 나를 위한 글이 아니라 남에게 보여질 글을 먼저 걱정하기 때문이다. '혹시 내가 쓴 글이 유치해서 사람들이 비웃지는 않을까?' '잘 써야 하는데 부담스럽다.' '인정받고 싶다.' 등등의 모든 생각을 내려놓고 그저 내가 가진 모습 그대로 종이 위에서 혼자 춤을 추고 있다고 생각하고 적어가보자.

아무도 보지 않는다고 생각하면 우리는 자유로운 기분을 느낄 수 있다. 하지만 그 기분은 누군가 보고 있을 때도 계속되어야 한다. 그렇게 자신을 훈련해야 한다. 내 생각이 말랑말랑해지고 사상이 쫀쫀해졌다고 느끼면서 자유롭게 쓰는 기쁨을 느껴보자.

지금 이 글도 나는 상당히 자유롭게 적어가고 있다. 그저 내 마음이 시키는 대로 어떤 형식을 갖추지 않고 그냥 써지는 대로 쓰고 있다. 분명 나중에 손은 봐야겠지만 말이다. 자유롭게 쓸 때 희열을 느낀다. 그냥 글을 쓰면서도 지금 내가 이 작은 공간에서 글을 쓰고 있지만 의식 너머는 저 멀리 가 있는 것을 볼 수 있다. 이것이 자유로운 글쓰기가 가져다주는 힘이다. 비록 나는 이 작은 공간에 있지만 한 마리의 자유로운 새가 되어 내가 원하는 도시를 날아다니고 있는 느낌이다. 진정한 자유란 내가 어딘가를 가서 느낄 수 있는 게 아니라 지금 이 순간 여기에서 내가 오롯이 느낄 수 있어야 하는 것이다.

자유는 돈으로 살 수 없다. 그러기에 중요하다. 돈으로 살 수 없는 것에 대한 값어치를 아는 사람은 돈에 얽매이는 삶을 살지 않기 때문이다. 자유로운 글쓰기가 그런 것이다. 일단 자유롭게 글을 쓰고 나면 어떤 것에도 자신감이 생기고 자존감이 높아진다. 우리는 어떤 일에서도 자유롭게 나를 던져 놓는 작업을 해야 한다. 그 속에서 분명히 어떤 정제된 것들을 뽑아낼 수 있다. 최고의 것들을 뽑아낼 수 있는 것이다. 자유로운 글쓰기를 해야 하는 것은 글쓰기에 부담을 없애고 자신이 결국 누구인지 알게 하는 작업이다.

셋째, 뻔뻔하게 써야 한다. 자유롭다는 것은 어쩌면 뻔뻔함과도 연결될 수 있다. 사람들은 뻔뻔하다고 하면 부정적으로 보는 경향이 있는데, 나는 그렇게 생각하지 않는다. 사람은 좀 뻔뻔해야 한다. 그래야 어디서든 나를 부각시킬 수 있다. 뻔뻔하지 않으면 배려하는 인생만 살게 되고 결국은 내가 없는 인생을 살게 된다. 이왕 사는 인생, 내가 주인공인데 나답게 살지 못하는 것, 그것만큼 저주스러운 일이 또 있을까?

나는 좀 뻔뻔한 사람을 좋아한다. 그게 당차 보인다. 뻔뻔하다는 것은 어떤 것에도 거리낌이 없다는 뜻이기도 하다. 너무 남의 눈치만 살피다 뻔뻔함을 잃는다는 것은 나의 색깔을 잃는다는 뜻이기도 하다. 뻔뻔하다는 것은 꼭 나쁜 뜻은 아니다. 결국 자신을 사랑하는 마음이다.

인생을 바꾸는 글쓰기의 요소로 나는 '솔직함'과 '자유'와 '뻔뻔함' 세 가지를 꼽았다. 결국 이 모든 것은 자신을 본질적으로 알게 되는 작업이 아닐까 한다. 이 세 가지 키워드가 인생에서 빠지면 자신이 누구인지 알지 못하고 내가 주도하는 인생이 아닌 남이 주도하는 인생을 살게 된다. 그러지 않기 위해서는 좀 더 솔직해져야 하고 자유로워져야 하고 뻔뻔해져야 한다. 그리고 기억하자. 그렇게 행동한다고 해서 아무도 당신에게 뭐라고 할 사람이 없다는 것을.

 이 모든 것이 바탕이 되었을 때 자신과 어울리는 평생 직업을 찾아서 안정적으로 살 수 있다. 일에 대한 보람과 기쁨을 느끼고 연애도 아주 잘할 수 있다. 자신을 알아야 자신에게 맞는 사람을 찾는 지혜도 생기기 때문이다. 주변 사람들과의 관계에서도 주변 사람들에게 나를 맞추는 삶이 아닌 주변 사람들이 나라는 존재 자체를 인정하는 삶을 살게 된다.

 솔직! 자유! 뻔뻔!

 인생을 바꾸는 글쓰기의 키워드이자 똑똑한 삶을 살기 위한 인생 처방전이다.

말을 잘하게 하는
글쓰기

　나는 어린 시절부터 말을 잘하는 것이 소원이었다. 잘하는 것까지
는 아니더라도 거침없이 내 생각을 말하고 싶었다. 하지만 말이 나
가기 전에 항상 생각이라는 필터를 거쳤다. '행여 말로 실수하지는
않을까?' 하며 말을 많이 아끼던 아이였다. 그 당시만 해도 '말을 잘
한다는 것'은 표현력이 좋고 발표를 잘하는 것이라고 생각했다. 다
행히 그 시절에 웅변 학원이 있었다. 지금의 태권도 학원처럼 당시
초등학생들이 일반적으로 거쳤던 학원이다.

　엄마가 발표력이 부족한 나와 동생을 위해 등록을 해주셨는데, 거
기서 배우는 모든 표현이 어색하게 다가왔다. 발표 내용을 또박또
박 크게 말하고 마지막에는 두 손을 번쩍 들고 "이 연사 힘차게 주

장합니다!"라고 외쳤던 기억이 생생하다. 웅변 학원을 다니면 말을 다 잘하게 되는 줄 알았는데 그것도 아니었다.

점점 '말하는 것'이 중요한 시대가 되고 '말 잘하는 법'을 배우기 위해 스피치 학원을 찾는 사람들이 많아졌다. 나 또한 논리적이고 설득력 있는 말하는 방법을 배우고 싶어 스피치 학원을 알아본 적이 있다.

아트 스피치 김미경 원장은 "스피치는 사람의 영혼을 감동시키고 설득하는 일이다."라고 말하며 안타깝게도 기존의 스피치 교육이 지엽적인 발음과 발성 교육에 그친다고 했다. 사람의 영혼을 감동시키고 설득하는 일이라는 것은 글을 쓰는 목적과도 일치했다. 그렇다면 말을 잘하는 방법을 글쓰기를 통해 배울 수 있다는 생각이 들었다.

한 때 말을 잘하는 것이 막힘없이 술술 이야기를 하는 것이라고 생각한 적이 있다. 말할 때 생각의 필터를 거쳤던 나는 자주 말이 막혔기 때문이다. 친구들 중에 질문을 하나 하면 그 질문에 대한 자신의 이야기를 5분 이상 늘어놓는 친구가 있다. 그런데 잘 들어보면 간혹 무슨 이야기인지 이해가 되지 않는 경우가 많았다. 일단 말을 할 때 제일 중요한 주어나 목적어를 빼고 말하는 습관이 있었던 것이다. 그리고 주제가 자주 삼천포로 갔다. 말을 막힘없이 한다고 해서 말을 잘하는 것이 아니다. 주제에 맞는 이야기를 목적을 가지고 상대방이 이해할 수 있도록 해야 하는 것이다.

주제에 부합하는 이야기는 바로 '콘텐츠'이다. 어딘가에서 들었을 법한 것 말고 '짠내'가 나더라도 내 삶에서 묻어나오는 진실한 콘텐츠 말이다. 거기에 명확한 발음과 좋은 목소리가 가미되면 금상첨화겠지만 발음과 목소리로만 영혼을 감동시키고 설득하기는 쉽지 않다. 말을 잘한다고 하는 사람들 가운데 알맹이, 즉 콘텐츠가 없는 사람은 없다. 발음과 목소리가 조금 좋지 않아도 들을 만한 말이면 다 듣게 되어 있고 감동을 받고 설득을 당할 수 있다. 가지고 있는 콘텐츠를 짜임새 있게 구성하는 것은 중요하다. 생각나는 대로 늘어놓는다고 해서 능사는 아니기 때문이다.

내게는 언니가 있다. 언니는 어렸을 때부터 사람들 앞에 나서는 것을 좋아했다. 재미있는 말로 사람들을 웃겨줘서 인기가 많았고 따르는 사람이 많았다. 반면 나는 다수의 사람보다는 소수의 사람과 있는 것을 편안하게 느꼈다. 사람들과 많이 어울리기보다는 혼자서 조용히 책 읽는 것을 좋아했다. 언니는 자신이 말하는 것에 재능이 있다고 생각하고 라디오 DJ나 강연하는 사람이 되고 싶어 했다. 재미는 있지만 약간 두서없이 말을 했던 언니는 책 읽고 글 쓰는 것을 싫어했다. 어느 순간, 언니는 자신의 한계를 알게 되었다.

한참 후, 각자의 인생을 살다가 서로 대화할 기회가 있었다. 언니가 갑자기 나에게 '너 말 잘한다.'라고 하는 것이다. 나는 평소 내가 가지고 있던 생각을 말한 것뿐인데……. 내가 글을 쓰면서 콘텐츠를 구성하는 습관이 말하는 것에도 영향을 주어 나도 모르게 성장하고 있었다는 것을 그때 깨달았다.

말을 잘하고 글을 잘 쓰려면 사물과 사람을 바라보는 능력이 남달라야 한다. 더 깊이 나를 통찰하는 힘을 길러야 한다. 즉 의식이 깨어 있어야 함을 뜻한다. 그 위에 글의 구조를 알고 알맹이를 채워나가면 된다.

방송 프로그램이나 공연을 할 때 '큐시트'라는 게 있다. 하나의 방송 프로그램 또는 공연에서 각 분야의 감독님들을 위해 여러 가지의 '큐'들을 상세히 정리한 표다. 건축으로 본다면 설계도와 같다고 할 수 있다. 말을 잘하게 하는 글쓰기를 하려면 이런 설계도는 필수다. 뼈대가 있어야 기본이 무너지지 않는 법이니까. 진실한 내 삶의 콘텐츠로 짜임새 있는 구성을 하자는 얘기다.

좋은 글은 사람의 마음을 움직이고 인생에 영향을 미친다. 말도 마찬가지다. 우선 말을 잘하게 하는 글쓰기의 뼈대를 위해 '논설문'이나 '설명문'의 구성을 생각하면 된다. 서론, 본론, 결론이 명확한 '글' 말이다. 하지만 논설문이나 설명문처럼 문체는 딱딱하지 않아도 된다. 형식만 가져오고 문체는 최대한 자신의 말투를 유지하자.

한 장의 글을 쓴다고 할 때 사람들의 호기심을 불러일으킬 주제를 정하고 그에 맞는 섹시한 제목을 정해야 한다. 제목은 나의 '브랜드'와도 같은 것이다. 어떤 물건을 살 때 '이름'의 중요성은 다 알 것이다. 책을 살 때도 '제목'이 주는 힘을 알 것이다. 좀 더 드라마틱하고 임팩트 있는 제목을 정해보자.

주제에 맞게. 제목이 정해졌으면 제목을 뚫어져라 바라보며 연관된 삶의 경험이나 생각들을 꺼내놓는다. 일단은 생각나는 사건들을 나열해 보자. 내용은 많으면 많을수록 좋다. 어차피 글을 쓰고 다듬으면서 버리면 되니까. 내용이 어느 정도 채워졌다는 생각이 들면 전체적인 구성 아래 글을 배치해본다.

나는 방송작가를 하기 전부터 '뮤지컬'을 쓰고 싶었다. 그때는 아무것도 몰랐지만 뮤지컬을 쓰면서 씬 별로 공식이 있다는 것을 알게 되었다. 공식에 대입해서 글을 쓴다면 그리 어렵지도 않고 헤매지도 않게 된다. 그래서 전체의 틀을 잡는 것이 중요한 것이다. 방향이 흔들리지 않는다.

뮤지컬 극에 들어가는 한 곡의 '아리아'를 만들 때 작곡도 마찬가지지만 가사를 쓸 때도 공식이 있다. 아리아는 오페라나 뮤지컬 등에서 나오는 선율적인 독창 부분이다. 주인공의 솔로곡이나 이중창을 생각하면 된다. 그 공식을 한번 대입해보도록 하겠다.

하나의 '아리아'에서 A-A'-B-A 구성으로 음악이 흘러간다. 이것을 한 장의 글을 쓸 서론, 본론, 결론으로 대입해 본다면 서론은 A, 본론은 A'-B, 결론은 A가 될 수 있다. 서론 A에서는 제목과 연관된 나의 생각이나 경험들이 짧게 들어간다. 이야기를 풀기 위해 주제에 대해 암시를 주는 것이다. 그 다음에는 그 생각을 뒷받침하는 에피소드들, 나의 경험이 본론 부분에서 A'가 된다. 그리고 그와 비슷한 다른 경험이 B가 된다. 메인 사례를 뒷받침해주는 서브 사례가 되는 것이다. 일상 속에서 관점을 바꾸고 콘텐츠 사냥꾼이 되어 찾았던 글감과 사례들이 이곳에서 빛을 발하게 된다.

중요한 것은 어딘가에서 들었던 내용이 아니라 내가 경험했던 생생한 에피소드여야 한다. 일상의 사소한 경험일지라도 여기서 멋지게 녹여내자. 중간 중간에 에피소드들에 대한 나의 생각이 짧게 들어가도 된다. 단, 주제와 부합해야 한다. 그리고 그 상황에 대한 느낌들로 마무리를 하면 된다. 결론 부분에서는 다시 A로 돌아간다. 서론에서 말한 주제를 다시 꺼내며 그에 대해 서론보다는 조금 장황하게 마무리를 해주면 된다. 해결책을 제시해 줄 수도 있고 생각하게 하는 메시지를 던져 줄 수도 있다. 아름답게 마무리를 한다고 생각하면 된다.

중요한 것은 계속 말하지만 '주제'를 벗어나지 않는 것이다. 글을 쓰다 보면 어쩔 때는 그분이 오셔서 신나게 썼는데 내용이 전혀 연관성이 없는 경우가 있다. 항상 주제를 염두에 두면서 벗어나지 않게 신경을 써야 한다. 어쩌다 벗어난다 해도 멀리 가게 두지 말고 의식적으로 빨리 돌아와야 한다.

글이나 말에서도 사람의 인격이 드러나기에 겸손한 자세로 쓰고 말하자. 이성과 논리는 독자와 청자에게 있다. 겸손한 마음이 바탕이 될 때 사람의 영혼을 감동시키고 설득하는 일이 쉬워질 것이다.

자, 이제 진짜 나의 이야기를 쓸 준비가 됐는가?

진짜 하고 싶은 나의 이야기에 겸손함을 가지고 조금의 구성만 신경 써서 글을 써보자. 글쓰기도 말하기도 다 잘할 수 있을 것이다. 그리고 그것이 내 인생을 바꿀 수 있는 전략이 된다.

생각하는 힘을 기르는
글쓰기

"이 부분에서 네 생각 좀 말해볼래?"

"제가 보기에는 괜찮은 거 같아요."

"어떤 부분이 괜찮은데?"

"그냥 전체적으로."

"선배 작가가 썼다 생각하지 말고 객관적으로 읽고 말해봐. 생각이 없는 거야?"

"그게 아니라……"

라디오 막내 작가를 하다가 처음 TV로 옮겼을 때 드라마 타이즈 형식의 프로그램을 하게 되었다. 선배 작가의 대본이 도착했고 그 대본으로 촬영을 해야 했던 PD가 대본을 읽다가 난데없이 나에게 질문을 하는 것이다. 다른 PD들도 있었다. 나는 질문에 제대로 대답을 하지 못하고 쭈뼛쭈뼛했다.

아마 그 상황에서 여러 가지 계산이 들어갔을 것이다. 선배작가의 글이라 마음대로 의견을 말할 수 없었을 수도 있고 아직 대본을 분석하고 판단하는 능력이 없다고 느꼈을 수도 있다. 아니면 갑작스런 질문에 진짜 그 어떤 생각도 나지 않았을 수도 있다. 하지만 그 어떤 것도 다 핑계라는 것이다. 중요한 것은 내 생각을 제대로 말하지 못했다는 사실이다. 그리고 그 사실은 두고두고 나를 괴롭게 했다.

우리나라 사람들은 대부분 자신의 의견을 말하는 데서 쭈뼛쭈뼛하는 경향이 있다. 물론 그렇지 않은 사람도 있겠지만. 그냥 자유롭게 말을 하면 되는데 남의 눈치를 살피게 된다. 어린 시절부터 우리가 받아왔던 주입식 교육의 영향이라고도 할 수 있다. 스스로 사고하는 힘과 표현하는 능력이 다른 나라 사람들에 비해 약하다. 어떤 때는 사회적으로 영향력 있는 누군가가 말한 생각이 내 생각이 되는 경우도 있다.

남의 말에 휘둘리지 않는 인생을 살기 위해서는 '자신의 생각'을 가지고 각자의 삶을 영위해가야 한다. 자신만의 생각을 가지려면 평소 스스로 생각하는 힘을 길러야 한다. 이것은 누가 가르쳐준다고 되는 게 아니다. 옆에서 누군가가 잘할 수 있도록 도움을 줄 수는 있겠지만 자신이 스스로 터득하고 습관화해야 하는 것이다. 그런 의미에서 나는 생각하는 힘을 기르기 위한 방법으로 '글쓰기'만한 것이 없다고 본다. 글쓰기를 통해서 우리는 얽혔던 생각의 실타

래들을 풀 수 있다. 그냥 풀어서 늘어놓는 것이 아니라 짜임새 있게 말이다. 그것은 논리적 사고력과도 연결이 된다.

하버드대학교 학생 3명 중 1명이 유태인, 100명중 1명이 한국인이라고 한다. 생각하는 힘을 기르는 방법에 대해 이야기를 할 때, 유태인의 교육법을 말하지 않을 수는 없을 것이다. 유태인들은 어려서부터 가정에서 토론하는 문화가 자연스럽게 이루어진다고 한다. 부모는 다양한 주제에 대해 이야기하며 아이의 생각과 의견을 묻는다. 어떤 대답을 하더라도 열린 마음으로 끝까지 그 의견에 귀를 기울이고 이런 방식을 통해 아이들은 자연스럽게 자신의 생각을 말하게 된다. 토론과 결론을 이끌어내는 대화법에서 항상 '왜'라는 질문이 자연스럽게 오간다는 것이다.

우리도 이런 질문을 '글쓰기'에 적용하면 어떨까 하는 생각이 든다. 우선 내가 나에게 하는 대화법으로 말이다. 처음 시도하는 훈련으로 나에 대한 탐구의 차원에서 가볍게 내가 좋아하는 것을 먼저 써놓고 왜 나는 그것을 좋아하는 것인가에 대해 생각을 해보자. 하나의 질문에 여러 가지의 의견을 작성해보는 것이다. 그리고 생각에 대한 확장을 해본다.

나는 뮤지컬 관람을 좋아한다. 뮤지컬을 보면 무대에서 역동적인 에너지를 느낄 수가 있다. TV 드라마나 영화와는 다르게 직접 배우와 한 공간에서 소통할 수 있다는 장점이 있다. 그것은 희열을 느끼게 한다. 또한 같은 장면이라도 매번 볼 때마다 다른 느낌을 가질 수 있다.

나는 무대 전체가 한눈에 보이는 것을 좋아한다. 어떤 친구는 배우들의 표정을 가까이서 볼 수 있는 앞좌석이 좋다고 한다. 하지만 나는 전체가 한눈에 들어오지 않으면 답답함을 느낀다. 뮤지컬의 단점은 티켓 값이 비싸다는 것이다. 그리고 지정된 장소에 가야만 볼 수 있다는 것이다. 하지만 2시간~2시간 30분 정도의 시간을 투자하고 삶의 소중한 추억과 활력을 얻는다면 그만한 가치는 한다고 생각한다.

이것은 워밍업이다. 내가 좋아하는 것에 대해 가볍게 뮤지컬이라는 이야기를 풀면서 뮤지컬의 장점과 단점에 관해서도 생각의 확장이 이루어졌다. 어렵게 생각하지 말고 일상의 이야기를 푸는 과정에서도 평소에 생각하는 힘을 기를 수 있다.

자, 그러면 가벼운 글로 생각의 몸을 풀었으니 본격적으로 들어가보자. 유태인의 학습은 그 어떤 것도 당연히 받아들이지 않는 것에 있다고 한다. 정답을 매겨 점수로 삶을 평가하지 않고 어떤 질문을 하느냐에 따라 삶을 평가한다고 한다.

나는 남의 의견에 수긍을 잘하는 편이다. 그러한 성향은 책을 읽을 때도 고스란히 드러난다. 우리는 책을 읽을 때 질문을 갖고 보기보다 무조건 받아들여야 할 것으로 생각하고 보는 경향이 있다. 하지만 조금만 생각을 비틀어본다면 세상에 그 어떤 것도 당연한 것은 없다. 평범한 사람들보다 앞선 누군가가 그것을 당연하게 보이도록 만들어 놨을 수도 있다.

그런 생각으로 책 한권을 읽고 나서 하나의 챕터를 가지고 그에 대해 반박하는 의견을 글로 써보는 것이다. 아무리 수긍이 가는 주장이라도 반박의 거리를 찾다보면 한두 개는 나올 것이다. 그렇게 조금씩 의식적으로 훈련을 하다보면 나도 모르는 사이에 이성적인 사고의 힘이 한 뼘은 자라 있을 것이라 생각한다.

이것도 저것도 힘들 때는 신문의 칼럼을 베껴 쓰는 것도 추천한다. 실제로 나는 신문을 구독하면서 '사설' 부분을 오려서 노트에 붙이고 그것을 베껴 쓴 적이 있다. 베껴 쓰기가 힘들 때는 사설을 읽고 요약하는 것으로 대신했다. 솔직히 매일 매일 신문을 다 읽는 것은 힘들다. 사설 부분만 잘 봐도 세상 돌아가는 것은 웬만하면 읽을 수 있다. 글 쓰는 능력은 더할 나위 없이 향상된다.

그 결과 나는 서론, 본론, 결론이 딱 떨어지는 글쓰기인 '논술' 시험에서 고득점을 받을 수 있었다. 점수로 삶을 평가하지 않는 유태인 교육법에 대해 이야기하면서 논술 점수에 대해 말하는 것이 조금 웃기긴 하지만.

세상은 끊임없이 변화하고 있고 우리 삶에는 수많은 문제들이 생기기 마련이다. 거듭되는 문제 앞에 우리 삶의 나침반 역할을 해주는 것은 바로 '생각하는 힘'이라고 할 수 있다. 그것을 잘 표현할 수 있으면 더 좋지만 생각하는 힘을 단번에 확 기를 수는 없다. 지금부터라도 꾸준히 이러한 '글쓰기'를 실천한다면 누가 갑자기 어떤 의견을 물었을 때 적어도 말을 못해 얼버무리는 일은 없을 것이다.

자존감이 높아지는
글쓰기

이 세상에 태어난 사람들 가운데 의미 없이 태어난 사람은 단 한 명도 없다. 우리 모두 다 존중받아 마땅한 사람이라는 말이다. 다른 사람들이 내게 하는 '존중'도 중요하지만 나 스스로 나를 존중하는 것이 무엇보다 중요하다. 바로 이것이 '자존감'이다. 간혹 '자존심' 과 '자존감'을 착각하는 사람들도 있는데, 이 둘은 엄연히 다르다. 자존심은 타인이 나를 소중히 대해주기를 바라는 마음이고 자존감 은 타인과는 무관하게 내가 나를 존중하고 사랑하는 마음이다.

 '자존감'은 '자신감'으로 연결될 수 있다. 자신감이 있다는 것은 좋은 게 아닌가! 사람은 사회적 동물이라 서로 어울리면서 살아간다. 그러다보면 내가 가진 것보다 '남의 떡이 커 보인다.'고 느낄 때가 많다. 낮은 자존감은 오롯이 나를 보지 못하고 남과 비교하는 데서 시작된다. 낮아질 데로 낮아져 땅 끝까지 파고 내려갈 것 같은 자존감, 어떻게 회복해야 할까?

'자존감'은 인생의 모든 면에 영향을 준다. 따라서 의식적으로 자존감을 높이기 위해 노력해야 한다. 나이가 들어가면서 시기별로 이루어야 하는 인생의 '숙제'같은 것이 있는데, 제 때 제 때 하지 못할 경우 자존감이 낮아진다. '내 모습대로 사는 데 무슨 상관이야!' 라고 당당하게 외치고 싶지만 그런 당당함이 생기지 않는다. 스스로 예민해지면서 남들 말에 쉽게 상처를 받는다.

또한 많은 사람이 주변에서 바라고 요구하는 사람으로 살기 위해 어느 정도 '가면'을 쓰고 산다. 그러다 보면 어느 순간 '여긴 어디? 나는 누구?'라고 외칠 때가 오기도 한다. 타인의 비판이 두려워서 작은 의견 하나 내지 못할 때도 있다. '결정 장애'도 또한 자존감의 문제다. 전문가들은 스스로 원하는 것을 선택하지 못하고 타인에게 의사결정을 넘기는 현상을 '햄릿 증후군'이라 명명했다. 스스로에 대한 믿음과 자신감이 없는 것이다. 자존감이 높으면 타인의 시선이나 말에 쉽게 흔들리지 않는다.

서양에서 온 친구들을 만나다보면 나름대로 느껴지는 공통점이 있다. 바로 자존감이 높다는 것이다. 세상의 어떤 일이든 자기 자신으로부터 시작되고 자신의 의견을 내는 데 주저하지 않는다. 남들이 자신을 어떻게 볼지 별로 상관을 안한다는 말이다. 나는 내 자신을 드러내는 것에 약하다. 고로 내 의견을 잘 피력하지 않는 편이다. 이건 어떤 것에도 맞춰줄 수 있다는 뜻도 되겠지만 나의 색깔이 없다는 뜻이기도 하다.

　내가 살아왔던 문화 속에서 규정되어진 '나'와 만나는 순간이 있었다. 외국인 친구들과 모여 '즉흥극' 워크숍을 할 때였다. 만들어진 대본 없이 3시간 동안 주어지는 상황 속에서 자연스럽게 극을 만들어가는 상황이었다. 나의 있는 그대로의 모습을 보여주는 것에 약했던 나는 그 시간이 굉장히 힘들었다.

　어쩌다가 내가 하는 모습들은 우리 문화 속에 여실히 녹아 있는 틀에 박힌 행동들이었다. 예를 들어, 위계질서가 보여지고 타인과의 관계 속에서 내가 규정되어지는 것들이다. 어쩌면 당연하다고 생각하고 있는 것들이 당연하지 않을 수 있다는 생각이 들었다. 그 시간은 나에게 힘들었지만, '나'라는 존재와 마주할 수 있는 계기가 됐다.

　나는 다른 어떤 글들을 쓰는 것은 어렵지 않았는데 유독 '자기소개서' 쓰는 일은 힘들었다. 다양한 나의 모습을 단 몇 줄로 표현하는 것이 어려웠기 때문이다. 어쩌면 나를 드러낸다는 것 자체의 거부감이었는지도 모르겠다. 그 어떤 것보다 '종이 한 장으로 어떻게 사람을 평가해?'라는 의문이 강하게 일었다. 단순할 수도 있는 자기소개서에 나는 혼자서 참 많은 의미를 부여했다.

　지금은 자기소개서에 대한 생각이 달라졌다. 자기소개서를 '내가 나를 얼마나 아는지'에 대한 확인 작업이라 생각하니 근사한 글이라는 생각이 들었다. 어쩌면 나를 제대로 알지 못해서 내가 그토록 반감을 가졌을 수도 있었을 것이다. 그리고 무엇보다 나를 제대로 알게 되면 잊고 있던 나의 가치를 알게 되고 자존감이 높아진다는 사실도 알았다. 그리고 그것은 얼마나 나를 솔직하게 드러내느냐에 따라 달라진다는 것이다. 솔직할 수 있다는 것은 대단한 능력이고 그 또한 연습이 필요하다.

아무리 좋은 관계일지라도 '내'가 없는 관계는 무가치하고 내가 행복하지 않으면 안 된다. 왜 그렇게 나를 아껴주지 못했을까? 분명하게 기억하자. 우리는 '자신' 외에 그 무엇이 될 필요도 없고 이유도 없다는 것을. 그토록 찾아 헤맸던 자존감은 먼 데 있는 것이 아니다. 바로 지금 '나 자신과의 연애'를 잘하면 된다.

나와의 연애를 하기 위해서는 우선 내 삶을 돌아보고 정리하는 작업이 필요하다. 초점을 오로지 나 자신에게 맞추고 내가 좋아하는 것, 내가 싫어하는 것, 어떤 가치관으로 살아가는지, 앞으로는 어떻게 살고 싶은지 등등. 나 자신의 말을 들어주고 보듬어주고 칭찬해주자는 말이다.

그렇다면 '자존감'이 높아지는 글쓰기는 어떻게 하면 될까?

우선 노트 한 권을 준비한다. 아무에게도 보여주지 않는 나만의 '자기소개서'를 만드는 것이다. 어떠한 형식도 필요 없다. 무엇부터 써야 할지 모르겠다면 눈에 보이는 묘사가 쉬운 외적인 것부터 시작해도 괜찮다. 나의 키, 몸무게, 외모에 대한 것도 좋다. 현재 내가 가지고 있는 것들에 대해 적어나간다. 아마 자신이 생각했던 것보다 더 많이 가지고 있다는 사실에 놀라게 될 것이다.

보이는 것들을 다 쓰고 나면 나의 지난 과거와 조우를 한다. 과거에 내 삶에 영향을 미쳤던 사건을 중심으로 좋았던 일, 싫었던 일, 그때 느꼈던 감정 등을 서술한다. 그 다음에는 현재 나의 상황과 내가 느끼는 생각들, 그리고 앞으로 어떤 삶을 살았으면 좋겠는지 하는 것들을 적어나가는 것이다. 여기서 중요한 것은 다른 사람의 시선이 아닌 '나'에 집중해서만 쓰는 것이다. 이것들을 한번에 실행하기는 어려울 것이다. 한꺼번에 하려 하지 말고 하루에 5분 만이라도 나에 대해서 생각하고 쓰는 시간을 갖는 게 중요하다.

좋아하는 사람에게 질문한다 생각하고 질문 목록을 작성해도 좋다. 그리고 그 질문에 내가 대답하는 것이다. 아주 사소한 것도 좋다. 내가 성취한 것들부터 내가 실패한 것. 나에게 상처가 된 것들 모두 다. 간혹 내가 실패한 것들에 대해서 외면하고 애써 떠올리지 않으려 한다. 하지만 내 상처에 직면하지 않으면 상처를 넘어설 용기는 생기지 않는다. 누가 보는 노트가 아니니 좀 더 솔직하게 쓸 수 있지 않은가. 써가면서 아무리 창피한 실수를 해도 내 가치는 그대로라는 것만 알면 된다. 실패를 하더라도 나를 지키고 있으면 나의 가치가 빛날 때가 온다는 사실만 깨달으면 된다. 자존감이 높다는 것은 자신을 공정하고 정확하게 볼 수 있다는 것으로도 해석될 수 있기 때문이다.

나를 바로 보는 '자존감'이라는 내면의 단단한 바탕이 있어야 그 위에 어떤 것을 쌓아도 휘청거리거나 넘어지지 않는다. 환경에 의해서 내가 결정되는 게 아니라 내가 생각하고 주도하는 삶을 살게 된다. 생각대로 이루어지는 삶! 가슴 뛰지 않는가?

슬럼프를 극복하는
글쓰기

"나 슬럼프인가 봐. 그렇게 원했던 직장에 들어왔는데 더 이상 일이 재미도 없고 의욕도 없어."

직장 생활을 시작한지 3년 만에 친구가 나에게 한 말이다. 그러면서 뭘 해야 할지 모르겠다고, 일에 더 이상 흥미가 없으니 결혼이나 해야겠다고 했다.

그토록 원하던 직장에 들어가도 반복적인 일을 하다보면 '슬럼프'라는 것이 찾아온다. 슬럼프가 오면 일에 대한 의욕도 없고 기운도 없다. 이러한 상태에서 뛰어난 성과를 기대하는 것은 불가능하다. 적어도 흥미를 가지고 적극적으로 일에 임했을 때와는 확연히 다를 것이다. 슬럼프를 벗어나기 위해 직장을 그만둔다고 해서 과연 근본적인 해결책이 될까? 잠깐은 벗어날 수 있지만 다른 슬럼프를 맞닥뜨리지 않으리라는 보장은 없다.

대부분의 사람들은 성인이 되어 대학 4년이라는 시간을 보내고 취직을 한다. 물론 일찍 사회생활을 시작하는 사람도 있을 것이다. 취직을 해서 직장생활을 하다보면 적게는 1년에서 5년 사이에 대부분 매너리즘에 빠진다. 어떤 사람들은 삶에 변화를 주기 위해 그 즈음에 결혼을 한다. 여성의 경우에는 결혼을 하고 아이를 낳게 되면 대부분 아이 돌보는 데 시간을 투자한다. 그렇게 살다가 잊고 살았던 나의 인생에 대한 생각을 하며 또 한 번 슬럼프를 겪는다. 남성들의 경우에는 직장에서 업무성과가 안 나오거나 승진이 안 될 때 슬럼프를 겪기도 한다.

가끔 그런 생각이 든다. 만약에 초등학교 교과과정부터 자신과 만나는 '글쓰기' 과정이 정규 과정으로 있으면 어떨까 하는 생각. 누군가는 국어 시간에 충분히 할 수 있다고 말할 수도 있다. 아니면 논술 학원에서 교육받을 수 있다고 할 수도 있다. 하지만 내가 생각하는 것은 어떤 형식에 맞춰서 써야 하는 글 말고 오직 마음속의 소리에만 집중해서 쓰는 '글쓰기' 과정이다. 자아를 탐색하기 위한 과정. 글 쓰는 형식, 맞춤법, 문법 같은 것을 지적하지 말고 내용에 대해서도 문제 삼지 말고 써놓은 글에 칭찬만 해주는 그런 교과과정 말이다.

우리는 책 읽는 것도 배워서 하고 읽고 생각하는 것도 배워서 하는 문화 속에서 살고 있다. 하물며 쓰는 것은 또 어떨까? 어떤 분야에 재능이 없다고 느껴지면 배워서 하는 것도 나쁘지 않다. 하지만 내가 스스로 생각하는 방법을 익히기 전에 사람들이 만들어 놓은 틀 안에서 배우게 되면 점수를 잘 받을 수는 있어도 창의적이고 자유로운 사고는 가로막힐 것이다. 생각과 사고는 배워서 하는 게 아니라 스스로 깨우쳐 나가는 것이다. 스스로 깨우치지 않고 남에게 배워야만 할 수 있는 사람들은 인생에 '슬럼프'가 와도 자기 스스로 극복하지 못하고 뭔가에 의존하려 할 것이다.

'인생은 2보 전진과 1보 후퇴'라는 말처럼 잘 나가는 것 같다가도 항상 문제와 위기가 찾아오기 마련이다. 문제없는 사람은 없으며 문제는 계속 발생한다. 그 문제 앞에서 우리는 슬럼프를 겪기도 한다. 슬럼프에서 막 빠져나온 사람도 있을 테고 슬럼프를 현재 겪고 있을 수도 있다. 아니면 슬럼프가 다가오고 있을 수도 있다. 인생에서는 탄력과 회복력이 좋아야 하는데, 그것은 슬럼프를 어떻게 딛고 일어서느냐에 따라 달라진다고 해도 과언이 아니다.

마크 피셔와 마크 엘런이 쓴 《백만장자처럼 생각하라》라는 책에 이런 내용이 있다. 하노버 보험회사의 윌리엄 오브라이언이 피터 셍게와의 인터뷰에서 이렇게 말했다고 한다.

"힘들게 일하고 있으면서도 일 이외의 것에서 개인적 행복을 찾겠다고 마음먹고 보내는 기나긴 업무의 시간에는 당분간 행복을 잊고 지내겠다는 생각이 있다. 이러한 생각으로 우리는 좀 더 행복하고 완벽한 삶을 살아갈 수 있는 가능성을 스스로 포기하고 있는 것이다."

어쩌면 우리가 일 이외에서 행복을 찾겠다고 생각하는 마음 때문에 삶에 슬럼프가 더 깊게 파고드는 것인지도 모르겠다. 우리는 일을 하는데 우리 인생의 대부분의 시간을 보내기 때문이다. 그리고 그 '일'이 나를 말해주는 전부일 수도 있으니 말이다.

슬럼프를 극복하기 위해서는 일단 자신의 현 주소를 알아야 한다. 정확한 자기 정체성을 알면 슬럼프를 거뜬히 이겨낼 수 있다. 슬럼프가 올 때마다 나는 생각한다. '나는 누구? 여긴 어디?' 나는 누구이며 어디에 있고 어디로 향해 가고 있는가에 대해 끊임없이 되묻는 것이다.

슬럼프를 극복하기 위해 책을 읽는 방법도 추천한다. 어려운 책 말고 가볍게 읽으면서 용기를 가질 수 있는 책 위주로 말이다. 하지만 정말 힘들 때는 아무리 좋은 책이라도 눈에 들어오지 않을 때가 있다.

나는 사람을 의지하는 경향이 굉장히 강한 사람이었다. 슬프거나 화나거나 아픈 일이 있을 때 항상 대화하고 의지할 대상을 찾았다. 아마 유독 이런 나의 모습만 기억하는 친구들이 있을 것이다. 친구들은 나의 이야기를 들어줄 수는 있다. 시간을 내서 나의 이야기를 들어주고 해결책도 주는 친구들에게 고마웠다. 하지만 결국은 내가 다 겪고 극복해야 하는 문제라는 것을 알았다. 이야기를 다 들어준다는 게 얼마나 힘든 일인지 안다. 밝은 이야기도 아니고 우울한 이야기는 더더욱. 친구들한테 미안하고 더 이상 못난 모습 보이지 말자 생각해서 시작한 게 글쓰기였다.

아무리 좋아하는 일도 계속하게 되면 신선함을 잃는 순간이 온다.

그러면 일이 더 이상 가슴에 와닿지 않는다. 나는 방송작가를 하면서 5년 만에 그 느낌을 가졌다. 하지만 슬럼프가 왔다고 해서 그 순간을 모면하려고 피하면 안 되는 것을 알았기에 일단 직시를 하자고 생각했다. 그리고 그 상황을 모두 받아들이기도 했다. 잠깐 멈추고 나에게 휴식을 주며 내가 옛날부터 꿈꿔왔던 것들을 글로 쓰기 시작했다. 나는 누구이고 내가 원했던 일들은 무엇이고, 그런데 지금은 왜 이런 기분이 들고 앞으로 어떻게 나아가야 하는지에 대해서.

글을 쓴다는 것은 단순히 종이 위에 활자를 채워가는 행위가 아니다. 나에게 질문을 던지며 내면으로 들어가는 작업이다. 끊임없이 질문을 던지고 그에 대한 답을 글로 써갈 때 진정한 자아와 만나게 된다. 그리고 왜 내가 '슬럼프'를 겪고 있는지도 알게 된다. 무엇이든지 이유를 알면 답도 쉬워진다. 그 과정 속에서 괴로움과 외로움에 맞닥뜨릴 때도 있다. 하지만 잠깐의 괴로움과 외로움으로 인생 회복의 탄력성에 박차를 가할 수 있다면 일부러 사서라도 겪어야 하는 시간이다.

글쓰기가 습관화되고 나서 나는 더 이상 친구들에게 만나달라고 애걸복걸하지 않게 됐다. 그리고 슬럼프가 다가와도 그것과 마주할 수 있게 됐다. 요란스럽지 않고 품격 있게. 그리고 무엇보다 나의 시간을 규모 있게 관리할 수 있게 되었고 체력 관리에도 힘쓰게 되었다. 정신과 삶이 모두 건강해졌다고 해야 할까.

우리가 삶에서 슬럼프를 겪을 때 필요한 것은 다시 일어나서 활기를 찾을 것이라는 나에 대한 믿음과 신념이다. 평소 자신을 잘 알고 있고 지금 상황에 대한 판단이 빠르면 그만큼 슬럼프를 겪는 시간은 줄어들 것이다.

지금 인생에서 책임과 의무만 남아서 활기를 잃어버린 사람에게 되묻고 싶다. 그동안 눈에 보이는 재미와 성과만을 위해서 달려온 것이 아니냐고. 한번이라도 자기 마음의 소리에 귀 기울이는 시간을 가져 보았냐고.

지금까지는 못했다 하더라도 당장 오늘부터 나를 위한 글쓰기 시간을 갖는다면 어떤 슬럼프가 오던지 웃으면서 맞이할 수 있을 것이다. 그리고 금방 작별을 고할 수 있을 것이다.

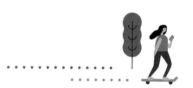

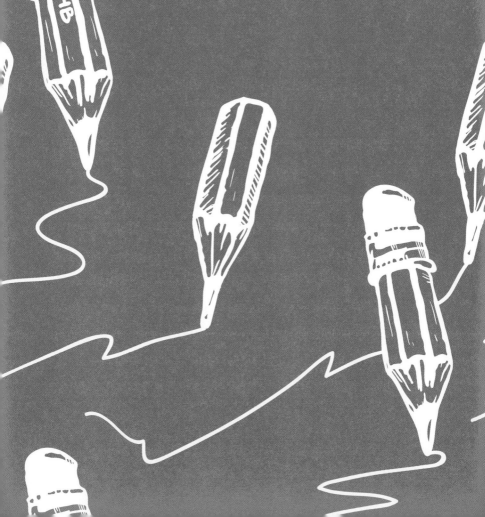

제 5 장

인생을 바꾸는
강력한 도구, **글쓰기**

나는 **글쓰기**로
진짜 나를 만났다

　우리는 왜 일상에서 '진짜 나'를 만나지 못하는 것일까? 나의 의도와는 다르게 내게 씌워진 '감투'도 한몫한다. 내 이름 세 자가 아닌 누구의 딸, 아들부터 시작해서 누구의 언니, 동생, 결혼을 하고 아이를 낳으면 누구의 엄마나 아빠로 살아가게 된다. 그냥 오롯이 '나'이고 싶은데 사회가 그렇게 살도록 가만히 두지 않는다. 남의 인생에 어찌나 관심이 많은지 주변에서 내 삶에 대해 이러쿵저러쿵하는 것을 볼 때도 있다. 이러한 상황들로 인해 본연의 내 모습이 흔들리게 둘 수는 없지 않은가!

　'진짜 나'를 안다는 것은 행복이다. 삶의 방향성을 갖게 해주고 '남이 정해준 인생'을 사느라 시간을 낭비하지 않게 된다. 피해의식을 가진 사람들은 오히려 그것을 감추려고 자신을 포장한다. 그것은 자신이 가지고 있는 명품 가방, 좋은 차가 될 수도 있고 학력이 될 수도 있다. 하지만 우리는 안다. 그런 것을 내세우는 사람일수록 자신에게 만족하지 못하는 삶을 살고 있다는 것을……

익숙해진 일상에서는 진정한 나를 만나기 어렵다. 당장 처리해야 할 일들에 급급해서 내 마음의 소리에 귀를 기울일 시간이 없는 것이다. 그래서 우리는 새로운 곳으로 '여행'을 간다. 여행에서는 오로지 내 이름 세 자로 살아가는 게 가능하기 때문이다. 단순히 새로운 곳을 여행한다고 해서 나를 만날 수 있는 것은 아니다. 하지만 여행지에서는 사람들이 보는 어떠한 나가 아니라 나 자체로의 나를 바라보게 된다. 내가 좋아하는 것, 내가 먹고 싶은 것, 내가 보고 싶은 것에 귀 기울이며 끊임없이 나를 탐구해간다. 그러면서 본연의 내 모습에 가까워진다.

나 또한 그런 부분에서 낯선 곳으로 '여행'하는 것을 좋아한다. 한때 '걷기 여행'이 열풍이었다. 유행의 시작에는 항상 그것을 가능케 한 열정적인 누군가가 있다. 순례길인 스페인의 '산티아고 길'을 걷고 그 길에서 만난 친구에게 한국에 꼭 이런 길을 만들겠다고 약속하고 돌아와서 제주도에 '올레'길을 만든 서명숙 작가가 그렇다. 진짜 나를 만나는 여행을, 관광지를 둘러보고 그치는 여행이 아니라 걷기 여행에서 찾게 했다. 그래서 많은 한국인들이 올레길을 걸었고 지금도 걷고 있다. 그리고 좀 더 나아가 산티아고 길을 걷기 위해 스페인으로 떠나는 사람도 많아졌다. 거기에 나도 포함되어 있었다.

사람들은 어딘가로 여행을 떠날 때 카메라를 중요하게 생각한다. 여행지에서 남는 것은 사진밖에 없다며 연신 셔터를 눌러대기 바쁘다. 나는 솔직히 사진을 잘 찍지도 못하고 찍히는 것도 좋아하지 않는 편이다. 그래서 그 순간에 내가 봤던 풍경들을 눈에 가득 담고 마음으로 기억하는 것을 좋아한다. 그리고 마음속의 폴더에 넣어놓고 언제 어디서나 그때 느꼈던 감정들을 꺼내는 것을 좋아한다. 그러면 입가에 흐뭇한 미소가 번진다. 그때 느꼈던 감정을 기억하기 위해 더 없이 좋은 것은 글로 표현하는 일이다. '노트와 필기도구'만 있으면 여행을 위한 사전준비는 거의 마쳤다고도 볼 수 있다.

산티아고 길에서 한 달이 넘는 시간을 오로지 걷기만 하면서 많은 사람들을 만났다. 자신을 찾기 위해 이 길을 선택한 사람도 있고 이 길을 걷고 나서 자신의 인생이 변하리라는 기대로 찾아온 사람도 있다. 영화를 보고온 사람도 있다. 대부분은 이 길을 먼저 걸었던 사람들의 입소문으로 이 길을 선택해서 걷고 있었다.

나는 그저 내 마음의 소리를 따라 산티아고 길을 걸었다. 그리고 스페인어가 좋았다. 나에게 라틴의 피가 조금은 흐르고 있는 것 같다. 다른 아무 행위 없이 오직 하루하루를 걷기만 한다는 것은 삶을 굉장히 단순화시키는 작업이다. 그 단순함 속에서 굉장한 진리를 터득할 수 있는 것이다. 우리의 삶을 윤택하게 해주는 아이디어도 복잡한 것에서 생겨나지 않았다는 것을 우리는 잘 알고 있다.

나는 그곳에서 매일 글을 썼다. 대부분의 사람이 그곳에 오면 적게는 하루 4시간에서 많게는 8시간 정도를 걷고 나서 각자 종이에 뭔가를 끄적인다. 일상에서는 쓰지 않는 일기를 거기서는 쓰게 되는 것이다. 잠자기 전에 하루를 정리하고 나를 돌아보는 의식을 매일 한다. 그리고 '산티아고 데 콤포스텔라'에 도착했을 때, 또는 지구의 끝이라고 하는 '피니스테레'까지 갔을 때 넓게 펼쳐진 망망대해를 보면서 읊조린다. 그리고 깨닫는다. 내가 걸었던 그 여행지에서의 행위로 나를 만난 게 아니라 내가 매일 성찰하면서 나의 감정들을 오롯이 썼던 '글'로 진짜 나를 만날 수 있었다는 것을.

일상을 살아가는 데도 이 방법을 적용할 수 있다. 일상을 '여행을 하고 있다.'라고 생각하고 사는 것이다. 다행히 내가 서울에서 터를 잡고 사는 곳은 한국 사람들만이 아닌 외국인들도 많이 살고 있는 곳이다. 신도시들처럼 도로가 바둑판처럼 정리되어 있는 것도 멀티플렉스 시설이 잘 갖춰져 생활이 편리한 것도 아니지만 '이국적인' 문화를 느낄 수 있는 이 환경만은 포기할 수가 없다. 가끔 현실에 충실히 사느라 여행을 떠나지 못할 때는 이곳에 살고 있는 것만으로도 그 충분한 가치를 한다고 생각한다. 그리고 평소와는 다른 기분을 느껴보기 위해 숨을 크게 쉬고 여행을 와 있다고 생각을 한다. 그럼 신기하게도 마음이 풍요로워지고 스트레스가 없어진다. 그날 내가 그 장소에서 만났던 특이한 사람이나 느꼈던 감정에 대해서 하루의 일기를 작성하는 것은 빼놓을 수 없는 일이다.

진짜 나를 만나는 방법은 멀리 있지 않다. 우리는 평소 수많은 '가면'을 쓰고 살아가고 있지만 나에게 있는 허물을 벗고 그것까지도 감싸줄 수 있을 때 '진짜 나'를 만나는 게 가능해진다. 누구에게 말할 수 없는 사연, 감추고 싶은 나의 비밀들이 말로 할 수는 없어도 글로 쓸 수는 있다. 그리고 그 글은 나만 볼 것이다. 그렇기에 어떤 창피함도 갖지 않아도 된다.

그렇게 종이 위에 낱낱이 고해지면 부정하고 싶었던, 하지만 그 모습까지 나의 모든 것인 '실체'가 드러나면서 '진짜 나'를 만날 수 있게 된다. 그렇게 나도 글쓰기로 나를 만났다. 그리고 그 만남은 유명한 관광지에 가서 황홀한 풍경을 감상하는 것 못지않은 큰 기쁨을 가져다준다. 그리고 나를 알 때 진정한 길 찾기는 가능해진다. 나를 모르고 사는 것은 '껍데기' 인생 밖에 되지 않기 때문이다.

우리는 100세 시대를 살고 있다. 아직 나의 인생은 그 반도 오지 않았고 1/3 정도를 살았다. 세상의 어떤 것에도 흔들리지 않는 나로 단련시킨 것은 20대를 치열하게 살아왔음이기도 하고 그 너머에 쉬지 않던 '글쓰기'가 있었던 때문이기도 하다. 내가 평생 바라보며 가야 할 길을 찾을 수 있었다. 길면 길고, 짧으면 짧은 인생이라는 여정 속에서 어떤 것을 보고 느끼고, 어떤 사람들을 만나고 영향을 받았는지, 아무것도 아니라 생각했던 글쓰기 습관 속에서 발견할 수 있었다. 그리고 변화되고 성장했다.

나이가 더 들어서 인생을 잘 살았는지 판가름이 나는 것은 가지고 있는 재산도 잘 나가는 자신도 아닐 것이다. 그저 내가 기억할 수 있는 '추억'들로 내 인생을 풍요롭게 살았다고 당당하게 말할 수 있을 것이다. 우리는 매 순간 특별한 인생을 살고 있다. 특별한 것을 묻혀 버리게 하지 않기 위해서는 글로 쓸 수 있는 습관들을 만들어 내야 한다. 그러면 그 글쓰기들이 '진짜 나'를 만날 수 있는 도구가 되고 평생 바라보고 갈 길이 된다.

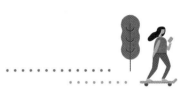

Self-Esteem Of Writing

인생에는
차별화가 필요하다

"언니, 인공지능이 이제 작곡도 한 대. 나 이제 어떡해?"

"그게 말이 돼? 이제 로봇이 창작도 한다는 얘기야?"

오래 전부터 뮤지컬 창작 작업을 같이 해온 작곡가 친구가 있다. 어느 날 한참 작업에 대한 토론을 벌이다가 이런 말을 했다. 우리는 이미 '알파고'를 통해서 인공지능이 가진 능력에 대해 알고 있다. 중요한 것은 인공지능 로봇이 우리 삶에 침투하여 영향력을 행사하고 있다는 사실이다. 그리고 우리들의 직업이 서서히 위협을 받을 수도 있다.

일본의 한 호텔은 인공지능 로봇들이 일을 하며 손님들을 상대한다. 사람들이 일을 할 필요가 없는 것이다. 세계적으로 유명한 어떤 피자 회사는 이제 로봇이 피자 배달을 할 것이라고 한다. 사람들 속에서 경쟁하는 것도 힘든데, 이제는 로봇과도 경쟁해야 하는 시대에 우리는 살고 있다.

꼭 사람들과의 경쟁, 로봇과의 경쟁이 아니더라도 우리의 인생에는 차별화가 필요하다. 인생을 살아가는데 경쟁력을 갖기 위해서는 나만의 차별화된 무기가 있어야 한다. 다른 사람에게는 없는 그 '무엇' 말이다. 그 무엇은 끈기와 노력으로 만들 수도 있고 상상력과 창의력으로 이뤄낼 수도 있다.

다들 같은 직업을 가진 부모들이 사는 아파트에서 유년 시절을 보낸 나는 차별화된 인생을 살겠다고 다짐했다. 그곳에서 오직 다른 것은 아버지들의 계급뿐이었다. 그리고 그 계급으로 인해 어른들이 서로를 대하는 태도가 달랐다. 그런 환경에서 자란 나는 내 방에서 작은 창문으로 보이는 바깥세상을 바라보며 더 넓은 세상에서 살 것이라고 다짐했다. 좁은 곳에서 아웅다웅하며 살지 않겠다고.

그래서 학교 선생님이나 부모님이 정해주는 대학을 선택하지 않았다. 오직 내 스스로 선택하고 시험을 봤다. 수능시험을 치루고 나는 바로 서울에 올라와서 외삼촌 일을 도우면서 아르바이트를 했다. 외삼촌은 그 당시에 치과기공소를 운영하셨다. 지금은 남미로 이민을 가서 거기서 치과를 운영하고 계신다. 기공소에서는 치과에서 의뢰받은 인공치아를 제작한다. 치아가 완성되면 치과에 갖다줘야 하는데 서울 시내 치과에 치아를 배달하는 일을 내가 했다. 그때 돌아다니면서 서울 전체의 지도를 익혔다고 할 수 있다.

대학 원서를 써야 하는데 가고 싶은 대학에 지원할 원서비가 없었다. 그때 외삼촌에게 말했더니 외삼촌은 선뜻 5만원을 주셨다. 그리고 이런 말을 하셨다.

"그래. 차별화된 인생을 살아야지. 응원한다."

그 때 외삼촌이 해주신 말에 힘을 입어 힘든 일이 있어도 버텼다.

차별화된 인생을 살기 위해서는 자신의 강점을 알아야 한다. 그리고 그 강점으로 자기를 계발해야 한다. 남들이 할 수 없는 것들을 해야 한다는 말이다. 다른 사람들과 비슷한 생각과 방식으로 살아간다면 평범한 인생을 살 수밖에 없다. 뛰어난 삶을 살 수 없다. 내 생각을 달리해야 하고 행동을 달리해야 한다. 남이 어떻게 생각할까에 꽂힌 시선을 거두고 오로지 자신에게 집중해야 한다. 몰입해서 찾은 자신의 강점으로 어떤 차별화를 만들어낼지 고민해야 한다. 비슷하게 돌아가는 이 시대에 자신을 구원할 수 있는 것은 타인과는 차별화된 자신의 목표와 의지다.

성공한 사람들 중에는 차별화되지 않은 사람이 없다. 영국 버진그룹Virgin Group의 창립자 리처드 브랜슨은 자신을 차별화시켜 성공을 이뤄낸 대표적인 사람이라고 할 수 있다. 학창시절부터 어머니가 주신 용돈을 가지고 잡지를 발간해서 관심을 끌었고 교장선생님에게도 인정받았다. 그리고 그 잡지로 자금을 벌어 20대 초반에 소형 통신판매 회사인 버진을 창립했다.

인도에 첫 번째 회사를 개설하기 위해 진행한 광고에서 그는 인도 왕자로 분장해 뭄바이의 고층 빌딩에서 뛰어내려 순식간에 모든 사람의 시선을 사로잡았다. 그리고 뉴욕의 타임스퀘어에서는 나체로 핸드폰 하나로 앞을 가리고 무대에 올라가서 선언을 하기도 했다. 브랜슨은 남들과는 차별화된 발상으로 자신의 사업을 멋지게 이루었다. 현재 버진 그룹은 영국에서 가장 큰 민간 기업으로 항공, 금융, 철도, 레코드, 웨딩 등 200여 개가 넘는 계열사를 보유하고 있다.

나 또한 영어 학원을 운영할 때 기존의 영어 학원들과는 차별화된 교육 시스템을 원했다. 그래서 처음부터 프랜차이즈에 의지하지 않았다. 우리나라 영어 교육은 읽기와 문법 교육에 의지한 시스템이었다. 이미 그런 학원들은 포화상태라고 생각을 해서 다른 방식으로 교육하길 원했다. 영어 학습 기본 교육 바탕 위에 '뮤지컬'을 도입했다. 직접 영어로 된 뮤지컬을 연기하면서 노래까지 배우는 시스템이었다.

나를 드러내고 싶어 하는 친구에게는 일석삼조의 효과를 가져다주었다. 영어도 배우고 연기도 배우고 노래도 배우고! 뮤지컬을 하다보면 배려심과 협동심이 생긴다. 혼자서는 절대 할 수 없기 때문이다. 인성도 좋아지고 공연을 하기 위해 무대 위에 서면 성취감도 느낀다. 영어 실력이 느는 것은 두 말할 것도 없고. 나는 브랜슨처럼 내 한 몸 불살라 이슈를 만드는 차별화를 선택하진 않았지만 내가 배운 것을 응용해서 차별화를 만들어냈다.

누구든 자신의 분야에서 '차별화'를 이끌어낼 수 있다. 어떻게 자신을 차별화할 것인지 생각해야 한다. 차별화된 인생을 살기 위해서 무턱대고 남의 것을 따라갈 것이 아니다. 계속해서 끊임없이 생각하고 연구해야 한다. 자신이 짊어져야 할 소명, 의무와 역할을 생각하다보면 어떻게 남과 다르게 살아갈 수 있는지 아이디어가 떠오를 것이다. 그리고 통찰력이 생길 것이다. 아이디어와 통찰력이 생겼다면 꾸준히 행동해서 습관화시키는 게 중요하다. 그것이 자신의 무기라면 말이다. 차별화란 자기 자신을 완전함과 탁월함에 가깝게 만들어가는 것이기 때문이다.

그리고 아이디어가 많다고 해서 너무 가지를 많이 치지 말아야 한다. 하나의 브랜드가 성공하기 위해서는 이야기가 없으면 안 된다. 하지만 너무 많은 이야기를 가지고 있어도 안 된다. 하나의 강력한 메시지만 줄 수 있는 이야기면 된다. 우리의 인생도 마찬가지다. 하나의 아이디어를 목표로 집중시켜 진행해가야 한다. 그리고 가능한 많은 사람과 교감을 쌓아가야 한다.

누구에게나 똑같이 주어지는 시간이지만 자신을 차별화시킨 인생과 흐지부지 달려간 인생은 나중에 분명한 차이를 보이게 된다. 다른 사람과 차별되지 않는다면 어떻게 많은 사람들이 당신을 기억하게 만들 수 있겠는가? 성공은 내가 아는 사람들이 많아지는 것보다 나를 아는 사람들이 많아지는 것과 비례한다고 할 수 있다. 자신을 차별화시키고 달려간 인생은 짧은 시간에 많은 성과를 내며 여유 있는 모습으로 살아간다.

다시 말하지만 요즘처럼 마케팅으로 넘쳐나는 시대에는 자신의 중심을 찾는 일이 필요하다. 남들이 하니까 하는 것이 아니라 내가 해야 하기 때문에, 그럴 만한 가치가 있는 일이기 때문에 할 수 있어야 한다. 좀 더 가치가 있는 인생을 살아가려면 확연히 차별화되어야 한다는 사실을 기꺼이 받아들여야 한다. 바로 이런 결단이나 결심에서부터 모든 것이 시작된다.

끌려가는 인생을 살고 싶은가, 아니면 끌어가는 인생을 살고 싶은가?

선택은 나에게 달려 있다. '차별화'는 나를 오래 안전하게 지켜줄 수 있는 장치이자 나의 자존감을 높여주고 경제적인 풍요를 가져다 주는 힘이 될 것이다.

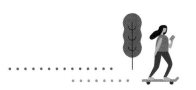

Self-Esteem Of Writing

글쓰기는
운명을 바꾸는 **마법**이다

"간절히 원하면 온 우주가 꿈의 실현을 돕는다."

소설 연금술사 속의 유명한 구절이다. 이 구절을 봤을 때 어떤 생각이 드는가? 어떤 사람은 자신의 '꿈'을 다시 되새기며 삶에 적용할 수도 있다. 또 다른 사람은 그냥 책 속의 좋은 구절이지만 자신과는 상관없다고 생각할 수도 있다. 똑같은 글을 보거나 같은 상황에 놓여지더라도 그것을 받아들이는 사람의 반응은 제각각이다.

성공한 예술가나 운동선수, 굉장한 자산을 가지고 있는 사업가, 권력을 갖게 된 정치인이나 법조인 등도 어린 시절에는 다 평범했다. 물론 태어날 때부터 소위 말하는 금수저를 물고 태어난 사람도 있다. 하지만 환경이 좋아도 자신의 노력이 뒷받침되어야 하는 것은 사실이다. 반면에 크게 성공한 사람들 중에는 어린 시절 끼니를 거를 정도로 가난에 허덕였던 사람들도 있다.

그럼에도 불구하고 그들이 성공의 반열에 오를 수 있었던 이유는 하나다. 바로 '결심'이다. 그들은 자기 삶의 결정적인 순간에 자신의 운명을 바꿔보기로 결심하고 그것을 행동으로 옮겼던 사람들이다. 그런 결심을 하게 된 계기는 책 속의 한 구절이었을 수도 있고 가까운 사람의 한 마디였을 수도 있다. 자신을 크게 이끄는 것은 대단한 것이 아니라 아주 사소한 것일 수도 있다. 어쩌면 이미 우리도 그것을 마주하고 있는지도 모른다. 중요한 것은 그 기회가 내 앞에서 지나치지 않게 그것을 잘 알아보고 잡을 수 있어야 한다는 것이다. 기회를 내 편으로 만들 수 있어야 한다.

나는 말을 함부로 하는 사람을 좋아하지 않는다. 간혹 말을 내뱉고 나서 실수라고 하는 사람들이 있다. 하지만 결코 실수는 아니라고 생각한다. 평소 사람이 갖고 있는 생각이 말을 통해서 나오기 때문이다. 그래서 말이 무서운 것이다. 말에는 힘이 있다. 그런데 말보다 더 힘이 있는 게 무엇인지 아는가? 바로 '글'이다. 공중에 흩어지는 말보다 글은 몇 배는 더 강력한 힘을 지니고 있다.

실제로 1953년 미국의 예일대학교에서 한 실험결과가 이를 증명한다. 졸업반 학생들을 대상으로 질문을 했는데, 질문의 내용은 "목표를 명확하게 써두고 있는가?"였다. 조사결과는 다음과 같았다.

아무런 목표도 설정한 적이 없다. 67%

목표가 있으나 글로 적어두지 않았다. 30%

목표를 글로 적어두었다. 3%

20년이 지난 1973년, 사회에 진출한 이들을 대상으로 그들의 삶에 대해 조사했다. 그 결과 자신의 목표를 글로 썼던 3%의 졸업생이 축적해놓은 재산이 나머지 97%의 졸업생 전부가 축적한 것보다 훨씬 더 많았다. 뿐만 아니라 더 건강한 삶을 살고 행복감도 훨씬 높은 것으로 조사되었다. 학력, 재능, 지능 면에서 별 차이가 없었음에도 불구하고 목표를 글로 썼느냐의 여부에 따라 부와 사회적인 지위가 월등히 차이를 보였다는 것이다.

글로 쓴 목표는 이렇게 큰 효력을 발휘한다. 자신의 운명을 바꿀 수도 있다. 글을 쓰면 인생을 계획하고 점검하고 철저히 관리하여 결국은 원하는 목표에 이르게 된다. 또한 자신이 쓴 '글'로 인하여 사회적으로 어떤 영향을 끼치게 되고 자신의 운명이 어떻게 바뀔지는 아무도 모른다.

대표적인 예로 조앤 K. 롤링을 들 수 있다. 조앤 K. 롤링은 이혼 후에 홀로 아이를 키우며 생계를 위해 힘겨운 생활을 이어갔다. 그러던 어느 날 문득 떠오른 생각을 글로 써내려가기 시작했다. 그 후 그녀는 10억 달러 이상의 원고료 수입을 거두며 영국 여왕보다 더 높은 명성을 자랑하는 인물이 되었다. 영국의 무명 작가였던 조앤 K. 롤링이 쓴 판타지 소설인 《해리포터 시리즈》는 200개가 넘는 국가에 약 70개의 언어로 번역되어 현재까지 4억 이상의 판매부수를 기록하고 있다. 간절하게 썼던 글이 세계적인 베스트셀러가 되며 작가의 운명을 단번에 바꾸어놓았다.

나는 '쓰는 대로 이루어진다.'는 기적을 믿는다. 그리고 나 또한 결정적인 순간에 운명을 바꿔보기로 결심을 했다. 그리고 지금은 열심히 그 결심을 이뤄가고 있다. 오랫동안 나의 글을 써야지 생각만 하고 실행에 옮기지 못했다. '조금만 더 경험을 쌓고, 조금만 더 완벽해진 다음에, 조금만 더 돈을 벌어 놓고……' 등의 핑계들로 인생을 점점 지체시켰다. 감정의 밑바닥을 경험하고 나니 더 이상 물러설 시간이 없다는 것을 깨달았다. 그리고 나에게 중요한 우선순위가 무엇인지 생각했다.

나의 운명을 바꿔줄 무기를 찾기 위해 한참을 돌아왔다. 이것도 배워보고 저것도 배워보고, 이 일도 해보고 저 일도 해보고, 나의 커리어에 도움이 되는 것이라면 무조건 닥치는 대로 다했다. 그렇게 열심히 뭔가를 하다보면 내 운명이 조금은 바뀔 것이라 생각했다. 그런데 운명이 바뀌기는커녕 내 삶에만 변화가 없는 것 같이 느껴졌다. 내면적인 변화, 표면적인 변화 모두 다.

운명은 한 순간에 바뀔 수 있다. 그런데 그 한 순간은 우선순위를 잘 설정하고 그것을 위해 끊임없이 노력한 결과이고 대가다. 그 우선순위가 '글쓰기'가 된다면 운명을 바꾸는 고속열차에 탑승한 셈이다. 하지만 아무리 안다고 해도 매일의 실천이 없으면 고속열차에서 완행 열차로 강등이 되는 것은 시간문제라는 것을 명심해야 한다.

얼마 전 어머니께서 개척하신 교회에서 3일간의 집회를 위해 목사님 한 분이 강사로 초빙되어왔다. 백발의 목사님은 몸이 어딘가 불편해보였다. 하지만 말씀을 전할 때는 굉장히 열정적이었다. 내적 치유 사역을 많이 한다고 했다. 목사님은 설교 원고를 다 준비하고도 기도하다가 그 이야기가 맞지 않는다면 과감히 버리고 성령에 따라 말씀을 전한다고 했다.

과거에 돈을 좇아서 살았던 목사님은 하던 사업이 쫄딱 망해서 크게 시련을 겪었다고 했다. 그때 그 목사님을 살린 것은 매일 썼던 '글'이라고 했다. 자신은 글쓰기를 배워본 적도 없지만 내면 깊이 들려오는 음성에 따라서 글을 썼다고 한다. 지금은 책 5권을 쓴 작가이자 내적 치유 사역자다. 글쓰기를 통해서 자신이 평생 해야 할 소명을 발견하고 사람들에게 좋은 영향을 끼치는 삶을 살 수 있다는 것은 근사한 일이다. 그리고 그 일은 정년퇴임이라는 것이 없다.

이 외에도 글쓰기로 자신의 운명을 바꾼 사람들은 많다. 이제 운명을 바꾸는 마법의 주인공이 남이 아니라 바로 '나 자신'이 되어야 한다는 사실이다. 우리 모두가 되어야 한다. 글쓰기가 가져다주는 기적을 보았다면, 이제는 실천할 때이다. 아주 사소한 것이라도 좋으니 조금씩 실행에 옮겨보는 것이다. 간절함을 가지고 행동을 하면 온 우주가 나를 위해 돕는 것은 시간문제다.

이제 책의 좋은 글귀 앞에서 나와 상관없는 일이라고 냉소적으로 대하지 말자. 글쓰기를 통해 매일 나를 탐험하자. 그동안 두려움과 자신 없음으로 인해 도전하지 못했던 일들에 용기를 내어보자. 종이와 펜이라는 마법을 빌려서 우리의 운명을 한번 바꿔보기로 하자. 아주 멋지게 말이다.

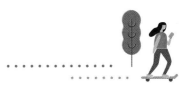

글쓰기는
최고의 **투자**다

"수익을 많이 내고 싶은데 어디에 투자를 하면 될까요?"

"돈이 별로 없어서 작게 시작을 하지만 크게 벌고 싶습니다."

"리스크 없는 투자 어디 없을까요?"

매 달 월급을 받는 직장인이라면 누구나 한번쯤은 해봤을 질문이다. 돈을 벌기 시작하면 모으는 것에서 벗어나 불릴 수 있는 방법을 찾게 된다. 우리는 살아가면서 많은 투자를 한다. 비단 돈뿐만이 아니다. 나는 배움과 여행 그리고 글쓰기에 투자를 많이 하며 살아왔다.

우리는 왜 무언가에 투자를 하며 살아갈까? 수익을 창출하여 경제적으로 더 자유로워지기 위해서다. 경제적인 자유는 삶의 여유를 가져다준다. 좀 더 큰 그림을 본다면 인생을 더 보람되고 근사하게 살고 싶어서다. 궁극적으로는 지금보다는 더 나은 사람이 되고 싶어서다.

얼마 전, 동창 모임에 나갔다. 꿈으로 가득한 대화를 나누던 어릴 때와는 달리 이제는 현실적인 이야기를 하게 된다. 돈에 관련된 이야기가 주를 이룬다. 노후 대비는 어떻게 할지부터 애들은 어떻게 키워야 할지 등등. 결론은 돈에서 자유로워져야 한다는 것이다. 그래서 친구들은 서로 자신이 투자하고 있는 것들에 대해 공유를 한다. 부동산 투자, 주식 투자, 네트워크 마케팅 등, 자신이 가진 직업 외에 부수적으로 돈을 벌 수 있는 방법들에 대해 이야기를 했다. 그리고 마지막에는 아무리 투자를 해도 성공하는 사람들을 보지 못했다며 한탄 섞인 말을 했다. 결국 이런 대화로 끝나게 된다. 각자 어떻게 행동을 할지는 모르지만 말이다.

어떤 친구가 나에게 노후 대비를 어떻게 하고 있느냐고 물었다. "나는 글을 쓰고 있어. 그게 나의 최고 투자야."라고 자신 있게 말했는데 친구는 한심하다는 듯이 쳐다봤다. 그리고 그게 무슨 투자냐고 했다. 하지만 나는 그렇게 생각하지 않는다. 글쓰기는 인생에서 최고의 투자라고 생각한다.

예전에도 입버릇처럼 하던 말이 있다. "나는 저작권으로 먹고 사는 사람이 될 거야." 그런데 생각하면 실제로 나는 정말 '글'을 쓰며 돈을 벌어왔다. 인생의 결정적인 순간에 항상 글이 있었다. 그리고 글쓰기는 나의 구세주가 되었다. 글 쓰는 것이 나의 직업이기도 했지만, 직업으로 하는 글쓰기 보다 더 중요한 것은 일상에서 하는 글쓰기다.

글을 쓰면 삶을 주도적으로 살게 된다. 조연의 마인드에서 벗어나 주인공의 마인드를 갖게 된다. 일상에 활력이 넘치고 인간관계도 더욱 좋아진다. 그러다보니 주위에서 좋은 말을 듣고 많은 기회들이 찾아온다. 또한 글은 세상과 소통할 수 있는 계기가 되어준다. 나의 경험과 신념을 드러내면 내 글을 읽는 사람들이 공감을 한다. 스스로 가치 있는 사람이라고 여기게 된다. 그렇게 계속 내 삶의 가치를 나누며 세상 사람들과 소통을 한다. 그렇게 소통하는 사람이 많아지면서 내가 하는 일은 더욱 잘된다.

간혹 글쓰기에 대해 가볍게 생각하는 경향이 있다. 글은 써서 뭐 하느냐고 말하는 사람도 있다. 하지만 우리는 지금 '한 줄의 글'이 엄청난 영향력을 발휘하는 세상에서 살고 있다. 트위터나 인스타그램의 한 줄의 글이 기사화된 것도 많이 볼 수 있다. 유명인들의 한 줄의 글은 이미지를 좋게 하기도 하고 나쁘게 하기도 한다. 또한 평범한 사람이 꾸준히 블로그에 포스팅한 글이 출판사의 눈에 띄어 책으로 출간되기도 한다. 직장에서도 마찬가지다. 보고서 하나를 만들더라도 훌륭한 기획은 물론 문구 하나를 잘 만들어야 필요한 인재로 인정받는다. 어느 분야에서든 글 쓰는 사람이 인정받고 있다.

친구가 오랜만에 전화를 했다. 남편이 주식 투자를 해서 몇 백 만 원을 잃었다고 했다. 작년에도 투자를 해서 더 이상 안하기로 약속했는데 이번에 또 몰래 사고를 쳤다는 것이다. 어쩌면 남편은 삶에서의 희망을 거기서 찾고 싶었을 수도 있다고 말해줬다. 그 마음만 보자고. 친구도 긍정적이라 그런 일에 대해 좋게 생각하고 금방 잊어버리는 편이다.

하지만 우리는 미래를 바라보고 살아야 하기에 머무를 수만은 없다. 경험을 하면서 실패도 해보고 그 속에서 일어서도 보고 하면서 우리는 성공에 가까이 가는 것이다. 성공의 반대말은 실패가 아니라 도전하지 않는 것이라고 하지 않는가!

나는 조심스럽게 친구 남편에게 글을 써보라고 추천했다. 매일 조금씩 글을 쓰라고. 주식 투자를 해서 실패한 것도 모두 글로 남겨보라고. 내가 실패했다고 생각하는 것들도 곰곰이 앉아서 글로 적다 보면 무릎을 탁하고 치는 순간이 온다. 실패에 대한 원인을 분석할 있고 그 안에서 해답이 생긴다. 스스로 성공으로 향하는 발걸음을 내딛는 것이다.

글을 쓰다 보면 궁금해지는 것들이 많아진다. 그러면 자료를 찾게되고 자료를 바탕으로 내 생각을 스스로 정리할 수 있게 된다. 그렇게 배움이 완전히 내 것으로 소화된다. 그리고 나만의 깊이와 체계가 자연히 생기게 된다.

《메신저가 되라》의 저자 브렌든 버처드는 이렇게 말한다.

"대부분의 사람은 자신의 인생과 경험을 매우 과소평가한다. 깨달은 바가 있으면서도 그것이 다른 사람들에게 큰 도움이 될 수 있을 거라고는 생각하지 못한다. 아무도 자신의 이야기를 진지하게 듣지 않으리라 여긴다. 그러나 당신이 보잘것없다고 느끼는 그 경험과 깨달음을 세상의 누군가는 간절히 필요로 한다. 그들은 당신의 조언을 들으면서 진심으로 감사해할 것이며 대가를 지불할 수도 있다."

메신저는 자신의 경험과 지식을 나누며 성장하는 사람이다. 그리고 다른 사람들에게 지식과 조언을 주면서 대가를 받는 사람이다. 글쓰기는 우리의 삶 전체를 돌아보게 하고 인생의 2막을 열 수 있는 발판이 된다. 자신이 가지고 있는 경험과 지식을 기반으로 수입을 낼 수 있다는 말이다. 그 어떤 투자보다도 값지며 확실한 투자라고 말할 수 있다.

이익을 창출한다는 면에서는 다른 투자들과 비슷하다. 하지만 글쓰기는 다른 투자들보다 쉬우면서 좀 더 고차원적인 투자이기도 하다. 이러한 삶의 전환점을 하루라도 빨리 맞게 된다면 앞으로의 인생에서 장애물 없이 고속도로를 질주하는 느낌을 받게 될 것이다. 우리에게는 삶을 아름답고 고귀하게 누릴 명분과 가치가 충분하고 반드시 그렇게 해야만 한다.

《부의 추월차선》에서 엠제이 드마코는 "돈은 기하급수적으로 벌어들이는 것이다."라고 말한다.

시간은 우리에게 최고의 기회다. 그리고 돈이다. 지금보다 더 나은 삶을 위해서 그 시간을 헛된 곳에 쓰지 말고 '글쓰기'에 투자를 해보자. 글쓰기는 나를 드러내는 과정이다. 나의 경험과 지식 등의 이야기를 써서 열정을 세상에 알리자. 온전히 나의 이야기를 쓰는 것이기에 그 무엇보다 쉽다. 그저 나에게 좀 더 귀를 기울이고 나를 사랑하는 방법을 익히면 된다. 그리고 그것은 언제 당신에게 효자 노릇을 할지 모른다. 글은 아무런 자본금 없이 세상에 자신을 알릴 수 있는 최고의 투자다.

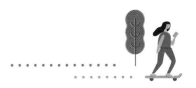

글쓰기는 나를 표현하는
최고의 **마케팅**이다

우리는 지금 '프리 에이전트'의 시대에 살고 있다. 프리 에이전트란 조직에서 벗어나 자유롭게 자신의 미래를 책임지며 일하는 사람이라고 보면 된다. 예전에 우리가 경험했던 기업들의 고용 안정성이 사라져가고 있다. 이제는 직장이 더 이상 안전지대가 아니라는 말이다.

요즘 대부분의 청년은 기업의 비전에 따라 일하면서 살기보다는 자신의 비전과 가치를 따라 살려고 한다. 그리고 그것을 다른 사람들과 공유하길 원한다. 자신을 '브랜딩'하는 사람들도 많아졌다. 자신이 원하는 일을 시간의 제약 없이 원하는 장소에서 하기 위해서다. 그렇게 프리 에이전트로 살아가는 사람들이 점점 늘고 있다.

그렇다면 프리 에이전트의 시대에서 살아남을 수 있는 방법은 무엇일까? 바로 '마케팅'을 잘해야 한다. 능력은 비슷하더라도 마케팅을 잘하면 능력의 크기가 두 배는 더 커 보인다. 그래서 마케팅이 중요하다는 것이다. 반대로 아무리 능력이 없더라도 마케팅으로 반짝 스타가 될 수 있다. 얼마 못가서 탄로가 나겠지만 말이다. 그래서 우리는 실력과 마케팅을 같이 겸비해서 가야 한다.

마케팅이 넘쳐나는 요즘 시대에 나를 표현하고 알리는 마케팅을 하려면 많은 돈이 투자될 수도 있다. 하지만 글쓰기는 시간과 노력만 투자해서 나를 알리는 좋은 마케팅 도구가 된다. 거기에 SNS를 활용한다면 급속도로 전파하는 물결을 탈 수 있다. 그렇게 자연스럽게 마케팅이 되어 유명해진 경우가 적지 않다.

여행작가로 유명해진 태원준 씨가 대표적인 경우다. 그는 서른이 된 어느 날, 어머니와 둘이 여행을 떠났다. 그 해 어머니의 나이는 딱 예순이었다. 그는 '둘이 합쳐 달걀 세 판'이라는 블로그 이름으로 어머니와의 여행기를 써서 포스팅했다. 블로그는 금방 입소문을 타고 유명해졌다. 그리고 귀국 후에 《엄마, 일단 가고 봅시다!》라는 책을 펴냈다. 그는 책을 출간한 뒤 사인회와 강연회를 갖고 《엄마, 결국은 해피엔딩이야!》, 《엄마, 내친 김에 남미까지!》라는 두 권의 책을 더 펴냈다. 지금은 강연가로 TV에도 출연하며 종횡무진 활동하고 있다.

꾸준히 글을 쓰고 자신을 알린 결과는 이렇게 나타난다. 그리고 그는 여행전문가로 자신을 브랜딩했다. 요즘에는 많은 사람이 해외여행을 간다. 같은 장소를 가더라도 여행하는 방법은 다 다르고 그곳에서 만나는 사람들도 다르다. 태원준 작가는 '엄마'와 같이 여행을 간 콘셉트로 성공을 했다고 볼 수 있다. 거기에 꾸준한 글쓰기가 가미되었다. 그의 글쓰기가 마케팅으로 연결된 것이다.

직장생활을 하든 사업을 하든 우리는 살아가면서 모두 비즈니스를 하고 있다. 지식과 경험 그리고 열정을 판매하고 수익을 창출한다. 만약 비즈니스맨으로서의 마인드를 가지고 있다면 자신의 비즈니스를 어떻게 홍보할 것이며 마케팅을 할 것인가에 대해 한두 번쯤은 고민해보았을 것이다. 비즈니스를 할 때 나를 알리지 않으면 살아남을 수 없다. 언제 어디서든 우리는 나만의 무기를 가지고 그것을 알리는데 힘써야 한다.

나 같은 경우에는 마케팅의 중요성에 대해 항상 생각을 하고 있었다. 하지만 내 삶에서 절실하게 필요하지는 않았다. 그런데 영어 학원을 운영하며 1년을 보내고 새 학기를 맞이하면서 색다른 홍보 방법이 필요하다고 느꼈다. 학원 운영에 대한 것을 알려주는 세미나에 참여할 기회가 있었고 거기서 돈을 주고 학원 마케팅을 의뢰했다.

조금만 부지런을 떨면 내가 할 수도 있는데 그때는 의지와 열정이 모두 바닥을 치고 있을 때였다. 전문가의 손을 빌리면 조금 달라질까 했다. 하지만 결국 실질적인 운영은 내가 하는 것이다. 효과를 얻었다기보다는 궁금증을 해소했다는 경험으로 만족해야 했다. 비록 돈은 소비했지만 돈으로 경험을 산 것이라고 생각했다.

이에 비해 옆에 미술학원을 운영하는 원장님은 학원 홍보를 따로 한 적이 없다. 하지만 신입생이 끊이지 않았다. 아주 작은 데서 교습소로 시작을 했는데 2-3년 만에 원생 수가 거의 100명이 넘으며 하나의 기업으로 성장하는 것을 볼 수 있었다. 광고를 굳이 하지 않았는데도 말이다.

비결은 원장님이 매일하는 작고 소소한 '글쓰기'에 있었다. 미술학원이지만 아이들이 무엇을 배웠는지 그날그날 열심히 글로 써서 학부모님들께 하나하나 문자로 전송을 해주는 것이다. 그리고 그날 그 아이가 그린 그림이나 작품을 사진으로 찍어서 같이 보내는 것이다. 그러니 광고를 하지 않더라도 그 글이 마케팅이 되어 학부모들의 입소문을 타고 찾아오는 것이다.

조금은 귀찮을 수도 있고 수고로울 수도 있지만 글쓰기는 이렇게 막강한 힘을 발휘한다. 원하는 이미지를 구축할 수도 있다. 아무리 좋은 시스템을 가지고 있고 잘 가르친다고 해서 사람들이 찾아오는 것은 아니기 때문이다. 그것이 바로 마케팅의 위력이다.

대중 미술과 순수 미술의 경계를 무너뜨리며 혁명적인 변화를 주도한 팝 아트의 선구자 앤디 워홀은 "미래에는 누구나 15분 내외로 유명해질 수 있다."라고 말했다. 자신이 표현하고자 하는 것을 짧게라도 알릴 수 있다면 금방 퍼져나갈 수 있다는 것이다. 자신을 브랜딩하고 알리는 데 그리 많은 시간을 소비하지 않아도 된다는 말이다. 그러기 위해서는 임팩트 있는 뭔가가 있어야 하고 꾸준해야 할 것이다. 자신이 알리고 싶은 분야에서 말이다. 이것은 어떤 사업을 할 때도 적용이 된다. 사업이란 수익창출을 목적으로 하기 때문에 어쨌든 알려야 사람이 많이 찾는다는 것은 두말할 나위가 없다.

마케팅의 본질은 결국 나를 널리 알리는 것이다. 마케팅의 비법이 좋은 '콘텐츠'로 옮겨가고 있다. 나는 어떤 콘텐츠를 가지고 있는가? 나만의 차별화된 이야기가 있다면 충분히 승산이 있다. 그리고 그것을 글로 써야 한다. 그리고 글쓰기로 내가 가진 콘텐츠를 널리 알려야 한다.

나는 공연, 여행 쪽으로 관심이 많다. 그래서 좋은 블로그는 이웃을 신청해놓고 소식을 받아보는 편이다. 꾸준히 글을 쓰고 올리는 사람들은 유명해질 수밖에 없다. 그만큼 자신을 알리는 노출이 늘어나는 것이다. 얼마나 좋은 마케팅 도구인가.

마케팅의 시작은 노출이다. 널리 알리기 위해서는 자주 정기적으로 계속해서 쓰고 알려야 한다. 그러다보면 언젠가는 사람들의 눈에 띄는 날이 온다. 글쓰기가 강점이 되고 나만의 강점이 부각이 되면서 자연스럽게 일로 연결이 된다. 나를 찾아주는 사람들이 많아지면서 수익으로도 창출이 되는 것이다. 매일의 단조로운 수고가 몇 십 배의 마케팅 효과가 되어 효자 노릇을 톡톡히 하는 셈이다. 바로 자신의 브랜드에 스토리텔링의 날개를 달아주는 것과 같다.

인생은 방향과 준비 그리고 마케팅이다. 글쓰기로 재능을 만들 수 있다. 매일 매일의 습관으로 말이다. 나만이 들려줄 수 있는 이야기로 시작하자. 나보다 글을 잘 쓰거나 똑똑한 작가들은 세상에 얼마든지 많으니까 말이다. 마음속에 숨어 있는 '작가성'을 꺼내어 창조적인 과정을 거치다보면 누구라도 자신의 정체성에 강한 자부심을 느끼게 된다. 또한 내면이 말끔히 정리되는 통쾌한 느낌을 가질 수 있다. 글쓰기는 나를 표현하는 최고의 마케팅이다. 나의 모든 경험과 지식과 노하우를 글로 써서 널리 알리자. 그게 바로 나의 브랜드가 되고 경쟁력이 될 것이다.

책을 펴내
브랜드 파워를 높여라

나는 검색되는 사람인가?

검색이 된다면 사람들은 어떤 이미지로 나를 기억하는가?

나는 어떤 '브랜드'를 가진 사람인가?

위의 세 가지 질문에 명쾌하게 답을 할 수 있다면 '퍼스널 브랜딩'이 잘된 사람이라고 말 할 수 있다. 퍼스널 브랜딩은 자신의 이미지를 구축하고 포장하고 홍보하는 일이다. 즉 자신의 깃발을 확실하게 세우고 그 깃발의 의미를 다른 사람에게 전하는 것이라 할 수 있다. 예전에는 기업인이나 연예인들한테 국한되는 일이었지만 지금은 너나 할 것 없이 '나'라는 브랜드를 구축하고 있다. 퍼스널 브랜딩이 잘된 사람은 갈수록 성공하고 평생직장이 보장되기 때문이다.

그 사람만이 가진 매력과 능력을 주변 사람들에게 알리고 영향력을 행사하는 것. 자신을 브랜딩하는 방법으로 전문가들은 하나같이 말한다. 책을 쓰라고. 자신의 저서를 갖게 되면 다른 사람들과는 차별화된 경쟁력을 가지게 되기 때문이다. 같은 일에 종사하고 있어도 저서를 가지고 있는 것과 없는 것은 큰 차이를 보인다. 저서는 삶의 노하우가 집대성되어 있는 자신만의 '비밀병기'인 셈이다.

브랜딩을 위해서만이 아니어도 누구나 인생에서 자신의 책 한 권쯤은 쓰고 싶어 한다. 자신이 살아온 인생의 발자취를 글로 남겨놓는다는 것은 대단한 축복이 아닐 수 없다. 하지만 그 생각을 좀 더 일찍 앞당겨서 책 쓰기를 시작한다면 자신의 브랜드 파워를 일찌감치 행사하며 인생의 2막을 더 풍부하게 누릴 수 있다. 책 한 권으로 인해 인생이 180도 변할 수도 있는 것이다.

실제로 《한 권으로 끝내는 책 쓰기 특강》의 저자 임원화 작가는 책을 써서 인생을 바꾼 대표적인 케이스라고 할 수 있다. 그녀는 대학병원 간호사였다가 책을 내고 지금은 임마이티 기업의 대표가 되었다. 1인 기업가로 행복한 일을 하면서 시간적 경제적인 자유를 누리면서 살고 있다. 또한 강연가로 '작가를 키워내는 작가'로 책 쓰기 코치를 하며 인생의 2막을 개척했다.

하지만 책을 쓰고 싶어도 책 쓰기 앞에서 막연한 느낌을 가지는 것은 누구나 다 마찬가지다. 남보다 좀 특별한 사람들이 책을 쓰는 것이라 생각했기 때문이다. 하지만 책은 누구나 쓸 수 있다. 자신의 인생을 성실하게 살아왔다면 말이다. 이제 한번 자신의 과거의 발자취를 따라가 보자. 내가 이제까지 해온 일이 책 쓰기의 강력한 주제가 될 수 있다. 또는 내가 좋아하는 것, 꾸준히 재미로 해왔던 취미가 될 수도 있다. 만약에 특별한 과거가 없다고 생각한다면 앞으로 되고 싶은 것, 하고 싶은 일을 주제로 삼아도 괜찮다. 그렇게 나만이 가진 매력을 찾자.

책 쓰기 주제를 정했다면 해당하는 자료를 모아야 한다. 관련된 서적을 찾아보고 관련된 나의 경험을 떠올려야 한다. 책을 쓰기로 마음먹은 순간부터 삶을 대하는 태도가 달라진다. 일단 나의 삶에서 일어나는 일들이 의미가 없는 것들이 없다. 지루할 틈이 없다. 언제나 보물찾기를 하겠다는 마음으로 삶을 대하기 때문에 생활에 활력이 넘친다. 거기에서 책에 쓸 사례들을 하나 둘 발견할 수 있기 때문이다. 그리고 다양한 책들을 읽게 된다. 관련된 전문서적들 말이다. 책을 취미로 읽을 때와 나의 책을 쓰기 위해 읽을 때의 자세는 확실히 다를 수밖에 없다. 몰입 독서가 자연히 되고 책에서 지혜를 얻을 뿐 아니라 쓰려고 하는 주제의 전문가가 어느 순간 되어 있다.

책 쓰기 노하우를 전파하는 데 앞장서고 있는 김태광 작가는 인터넷 카페 〈한국 책쓰기 · 성공학 코칭 협회〉에서 "성공해서 책을 쓰는 것이 아니라 책을 써야 성공한다."라고 주장한다. 책을 쓰는 순간 성공한 삶을 살게 된다는 것이다. 책을 쓰면 자연히 '퍼스널 브랜딩'이 된다. 한 권의 책을 썼다는 것은 이미 그 분야에서 전문가와는 다름없기 때문이다. 그리고 사람들이 나를 알아봐준다. 인정해준다.

자신의 이름이 브랜딩되어 있지 않은 사람들은 어디를 가도 가시 방석이다. 능력을 가지고 있어도 제대로 알아봐주는 사람이 없기 때문에 초조하고 불안하다. 자기 삶인데도 불구하고 주인의식을 가지고 살아가지를 못한다. 눈치를 보면서 살아가게 된다. 하지만 퍼스널 브랜딩이 잘되어 있으면 어디를 가나 자신의 존재감은 드러난다. 당당하다. 그리고 나를 알아봐주는 사람들로 인해서 더 잘될 수밖에 없다.

누구나 다 책을 쓸 수는 있지만 그렇다고 뚝딱 이루어지는 일은 아니다. 그래서 참 다행이라는 생각이 든다. 쉽게 이루어지는 일이었다면 그만큼의 가치가 없을 것이다. 그리고 완성하고 나서도 성취감이 덜했을 것이고 매력이 느껴지지 않았을 것이다. 책을 쓴다는 것은 관련된 정보에 대해 끊임없이 공부를 하고 자신을 끊임없이 탐구하는 일이다. 그리고 자신과의 약속에 굉장히 철저해야 한다. 그래서 자기 관리가 자연스럽게 된다. 그리고 책 한 권을 쓰고 나면 인내심과 지구력이 말도 못하게 성장해 있다.

그렇게 내 이름으로 된 책이 나오면 삶의 모양이 달라진다. 이름 석 자가 특별한 브랜드가 되고 그 브랜드의 이야기를 공유하고 싶어 하는 사람들이 많아진다. 자신이 1인 기업가가 되고 CEO가 된다는 말이다. 저서가 한 권 한 권 쌓이다 보면 강연으로 연결된다. 잡지나 언론사 등의 취재 요청이 들어온다. 칼럼도 쓰면서 내 삶의 노하우를 나눠주는 사람으로 살 수 있다. 가만히 있어도 검색되어지는 삶, 요청받는 삶을 살게 된다. 생각만 해도 신나지 않은가! 이렇게 평생 현역으로 재미있고 즐겁게 살 수 있다.

세상에는 많은 브랜드들이 존재한다. 하지만 우리가 좋아하고 기억하는 브랜드는 한정이 되어 있다. 나를 브랜딩하는 자신만의 검색어를 가져도 좋을 것이다. 내가 미래에 실현하고 싶은, 목표로 하는 모습은 어떤 것일지 생각해보고 나의 비전을 담은 검색어를 찾아보도록 하자. 나 자신을 충분히 이해하고 있다면 찾기는 쉬울 것이다. 내가 무엇을 제공하며 어떤 상품성을 가질 수 있는지 생각해보고 자신만의 직함을 만들어보자. 나의 경우에는 글쓰기, 여행 라이프 코치가 될 것이다.

그런 비전의 직함을 가진 전문가가 되기 위해서는 지금 당장 책을 써야 한다. 나를 알려야 한다. 변화 없는 삶에서 지루함을 느끼고 있다면 좀 더 활력 있는 삶을 살기 위해 책을 써야 한다. 어떤 의도로 시작했든지 책 쓰기는 지금보다 열 배, 백 배는 더 나은 삶을 살게 해준다.

우리는 지금 어떤 정보에 대해 잘 모르면 무조건 검색을 하는 시대에 살고 있다. 어떤 사람에 대해서도 마찬가지다. 앞으로 세상에는 검색되는 사람과 검색되지 않는 사람, 두 타입이 존재할 것이다. 그 중에서 검색되어 요청받는 삶을 살고 싶다면 책을 펴내 자신의 브랜드 파워를 높여야 한다.

Self-Esteem Of Writing

살며, 생각하며,
글 쓰며

너는 어떻게 살고 있니 아기엄마가 되었다면서

밤하늘에 별빛을 닮은 너의 눈빛 수줍던 소녀로 널 기억하는데

때로는 부부싸움도 해보니 남편은 벌이가 괜찮니

자나 깨나 독신만 고집하던 니가 나보다 먼저 시집갔을 줄이야

(줄이야 줄이야)

산다는 건 그런 게 아니겠니 원하는 대로만 살수는 없지만

알 수 없는 내일이 있다는 건 설레는 일이야 두렵기는 해도

산다는 건 다 그런 거야 누구도 알 수 없는 것

여행스케치 4집 중 〈산다는 건 다 그런 게 아니겠니〉

학창시절에 친구들과 노래방을 가면 불렀던 애창곡이다. 한참 공부를 하며 꿈을 꾸는 나이에 '인생'에 대한 철학적인 고민도 같이 했다. 결론은 하나였다. '산다는 건 다 그런 거야.' 저 한마디 앞이면 모든 상황이 이해가 됐다. 살다보면 어떤 문제에 깊게 파고들어 분석하는 것보다 그냥 넘기는 지혜를 발휘해야 하는 경우가 많다.

나에게 주어진 순간순간을 온몸으로 부딪히며 정신없이 살았다. 그러다보니 저 노래의 가사가 현실이 되었다. 독신을 고집하던 친구가 시집을 가서 애를 낳고, 나는 아직 꿈을 꾸며 살고 있다. 누구도 알 수 없는 인생이라 외치며.

대학 시절의 대부분은 '연극'과 함께였다. 거의 대학로에서 살다시피했고 학교에서는 연극 수업을 많이 들었다. 연극은 절대 혼자서는 할 수가 없는 분야다. 작가가 있어야 하고 연출, 배우, 무대 감독 등 많은 사람들의 협업 속에서 이루어진다. 나는 대부분 연기를 하며 배우로 참여했다.

'연출론'이라는 수업이 있었다. 작품을 써서 연출하고 발표하는 시간이었다. 사무엘 베케트의 〈고도를 기다리며〉라는 작품을 각색해서 무대에 올렸다. 〈고도를 기다리며〉는 노벨문학상 수상작으로 인간의 삶을 단순한 '기다림'으로 정의를 내리고 그 끝없는 기다림 속에 인간 존재의 부조리성을 보여주고 있는 작품이다.

당시 같이 수업을 들었던 언니가 비행기 사고와 접목을 시켜서 각색을 했다. 비행기 사고 후 살아남은 승무원과 승객을 통해 기다리는 '고도'에 대해서 표현을 했다. 나는 그때 승무원 역할을 맡아 연기했다. 구조를 기다리지만 오지 않는 마음을 김광석의 〈서른 즈음에〉 노래로 표현을 했다.

 또 하루 멀어져 간다. 내뿜은 담배 연기처럼
 또 하루 멀어져 간다. 매일 이별하며 살고 있구나

 서른 즈음에의 첫 소절과 마지막 소절이다. 이 노래를 불렀을 때가 정확히 스무 살이었다. 하지만 나에게 오지 않을 것만 같은 서른 즈음을 상상하며 완전히 그 감성에 젖어들었다. 10대와 20대를 조숙하게 살았다. 오히려 서른 몇 해를 살아온 지금 10대, 20대의 감성으로 살아가고 있는 듯하다.
 인생은 어쩌면 오지 않는 '고도'를 기다리며 살아가는 일일지도 모른다. 잡힐 것 같지만 잡히지 않는, 올 것 같지만 오지 않는 그 하염없는 '기다림' 말이다. 그럼에도 불구하고 우리는 하루하루 우리의 일들을 해가야만 한다. 비록 반복적이고 지루한 일일지라도.
 어렸을 땐 참 꿈이 많았다. 생활기록부의 장래희망 칸에 적힌 직업들이 매 해 달랐다. 아직 하고 싶은 게 없다고 부모님이 말한 직업을 대충 적는 친구들도 많았다. 하지만 나는 장래희망을 적을 때 늘 진지했다. 스튜어디스, 치과의사, 패션 디자이너 등등. 중학교 때는 무작정 하고 싶은 일만 적다가 고등학교 때는 현실적으로 내가 할 수 있는 일을 찾았다. 그러다가 최종적으로 고3 때의 장래희망이 '방송작가'가 되었다. 내가 즐겁게 할 수 있는 일이라는 생각이 들었다. 그리고 그 목표를 따라 대학을 선택했고 생각했던 방송작가를 할 수가 있었다.

인생을 살면서 언제 제일 행복감이 느껴지냐고 묻는다면, 나는 아마 '꿈을 향해서 달려갈 때'라고 말할 것이다. 내가 꿈을 꾸고 목표를 세우면 그 꿈은 절반이 이루어진 것이나 다름없다. 꿈이 있고 꿈을 잊지 않으면 언젠가는 꼭 그 꿈에 도달해 있기 때문이다. 제일 불행한 것은 꿈이 없다는 것이다.

나는 어떤 목표를 향해서 달려가다가 그 일을 이루고 나면 또 다른 목표를 세운다. 목표를 이루었을 때 성취감과 기쁨도 있지만 허탈해지기도 하기 때문이다. 그럴 때는 내가 에너지를 쏟을 수 있는 또 다른 목표를 세워서 실행해가면 된다. 그러면 삶이 항상 활기가 넘치고 생기가 돈다. 하지만 매번 파이팅이 넘칠 수만은 없는 법. 그냥 아무 목표 없이 쉬고 싶을 때는 과감히 쉬어도 된다.

어떤 목표를 향해 정신없이 달리다가 쉼표를 줄 수 있는 삶, 그게 바로 글 쓰는 삶이 아닐까 한다. 지금 온전히 나를 위한 글을 쓰면서 많이 배우고 성장한다고 느낀다. 전에는 가지지 못했던, 가질 수 없었던 느낌이다.

글 쓰는 삶을 원했으면서도 글 쓰는 삶을 싫어했다. 참 아이러니하지 않은가. 세상에 열려 있는 마인드를 갖고 있다고 생각했다. 하지만 편견으로 똘똘 뭉친 사람이 바로 나였구나 하는 것을 생각하게 됐다. '글을 쓰며 사는 사람'에 대해 나만이 가지고 있는 고정된 이미지가 있었나보다. 좋은 면 보다는 안 좋은 면으로……

그래서 내가 더할 수 있는 것에 초점을 맞춰서 살았다. 글만 쓰는 사람이 되고 싶지 않았다. 글 쓰는 일이 얼마나 근사한 일인지 잘 몰랐기 때문이다. 그래서 다양한 일에 몸을 담았다. 조 작가로 시작했던 나의 직함은 조 선생도 되고 조 연출도 되고 조 원장도 되었다. 그러다가 다시 조 작가로 돌아왔다. 하나가 둘이 되고 둘이 셋이 되는, 겉으로 보여지는 변화는 아니어도 내면적으로 많은 변화들이 있었다.

나는 여행 생활자가 되고 싶었다. '여행을 생활처럼 하는 사람' 또는 '삶을 여행처럼 사는 사람' 둘 다 말이다. 그런 마인드로 살다보니 낯선 곳에 가도 재미있고 익숙한 곳에서 살아도 즐겁다. 여행을 하다보면 글을 쓰고 싶어진다. 한 번은 여행을 하고 와서 그에 대한 뮤지컬을 쓰기 위해 여행기를 정리했다. 그리고 출판사에 투고를 하기도 했다. 어떤 출판사 사장님이 글을 쓰는데 막히거나 힘들 때 연락을 하라고 했다. 그 마음이 고마웠다. 그리고 어떤 분일지 궁금했다.

사장님을 만났다. 사장님은 나에게 책 한 권을 선물로 주었다.

"군대에서 커피만 타다가 우울증을 겪은 친구인데, 여행기를 쓰고 싶다고 연락을 해왔어요. 처음에 만났을 때 그 친구 얼굴에 그늘이 가득했어요. 그리고 너무 간절함이 보였어요. 살고자 하는 간절함. 나 아니면 그 친구를 구제할 사람이 없다는 생각이 들어서 책을 써보라고 했어요. 그 친구는 죽기 살기로 글을 썼어요. 글을 다 쓰고 났을 때 그 친구 얼굴이 너무나 달라져 있었어요. 이게 그 책이에요."

솔직히 그때 나는 간절함이 없었다. 수많은 글을 써왔으면서도 글을 쓰는 것에, 글을 쓸 수 있다는 사실에 행복함을 느끼지 못했다. 어쩌면 너무나 쉽게 이루어져서 그 소중함을 몰랐던 것 같다. 그리고 항상 당연하다고 생각을 했던 것 같다.

본격적으로 나에 대한 글을 쓰기 시작하면서 나의 삶을 사랑하게 됐다. 글을 쓰다보면 모든 감정과 마주하게 된다. 그리고 나를 내려놓게 된다. 더 겸손해진다. 삶의 순간순간들이 소중해진다. 빈 종이에 글을 써가면서 희열을 느꼈다. 글쓰기가 미치도록 좋아지기 시작했다. 왜 이제야 이 감정을 느끼는지는 알 수 없지만. 그리고 글을 쓸 수 있음에 감사하게 됐다.

나는 비로소 삶의 길을 정했다. 먼 여정 끝에 안락한 집에 들어온 느낌이다. 글쓰기 생활자가 될 것이다. 그리고 글쓰기를 원하는 다른 사람들을 위해 도움을 주는 삶을 살 것이다. 글쓰기 라이프 코치, 여행 글쓰기 코치, 동기 부여가로 평생을 살아갈 것이다.

글쓰기가 필요하지 않은
인생은 없다

우리는 모두 글을 쓰며 살아간다. 초등학생부터 어른까지. 학창시절에는 학습에 기반을 둔 글쓰기를 많이 한다. 읽은 책을 요약하거나 하는 등의 배움에 관련된 글쓰기 말이다. 하지만 네트워크로 연결된 요즘 세상에선 이메일을 쓰고 블로그, 페이스북, 트위터 등에 포스팅을 하고 댓글을 달며 글 쓰는 일상생활을 살고 있다. 글쓰기는 우리 삶에서 떼려야 뗄 수 없는 관계다.

예전에는 생각을 그냥 종이에 옮기기만 하면 글쓰기가 되는 줄 알았다. 그리고 대수롭지 않게 생각했다. 그런데 요즘에는 글쓰기로 인해 미래에 성공을 할 수도 있고 못할 수도 있다고 생각한다. 개인의 성공이 글쓰기 능력에 달리게 되리라고 누가 예상이나 했겠는가? 그리고 글쓰기는 다른 모든 능력을 받쳐주는 기본이 된다.

어렸을 때부터 책을 좋아했던 나는 독서를 통해서 문장의 구조를 익혔다. 나도 모르게 쉽게 글을 썼던 것 같다. 많이 읽으면 잘 써지는 것은 당연하다. 틈나는 시간에 독서를 하려고 노력했다. 그것은 습관이 되어 어디를 갈 때도 책은 꼭 가지고 간다. 은행이나 병원에 가서 기다릴 때나 약속 장소에 가서 누가 늦게 오더라도 나는 구애받지 않는다. 그 시간에 책을 읽으면 되기 때문이다.

이러한 독서 습관이 글쓰기 하는데 8할의 도움이 된다. 또한 책을 많이 읽으면 이해 능력이 좋아져서 다른 어떤 학습을 할 때도 영향을 미친다. 즉 뭔가를 배울 때 빨리 습득하는 방법을 깨우치게 된다. 그리고 나에게 맞는 방법이 뭔지 생각해서 응용할 수 있게 된다.

글을 쓸 때 전체 제목이 나오면 서론, 본론, 결론의 구성을 대략적으로 생각한다. 머릿속에 설계도를 그리듯 전체적인 틀을 짜고 나서 글을 채워 넣는다는 느낌으로 쓰면 내용이 산으로 가는 일이 없다. 그리고 거기에 맞는 나의 경험들도 생각이 난다. 항상 그렇게 생각을 하면 글쓰기가 결코 어렵지는 않다.

대학교 때부터는 리포트를 제출해야 해서 본격적으로 글을 쓰게 된다. 나의 생각과 정보를 잘 버무리는 글. 글을 꾸준히 써오지 않던 친구들에게는 글쓰기가 부담될 수도 있다. 대학생 때 친구들이 나에게 자신의 리포트를 봐달라는 부탁을 했다. 그리고 석사를 하는 친구들의 논문을 봐주기도 했다. 그리고 보면 나에게는 끊임없이 글과 친하게 지내는 환경이 주어졌던 것 같다. 공부가 끝났다고 해서 손을 놓을 수는 없는 법. 취업을 위한 자기소개서, 그리고 직장에 들어가면 보고서 및 각종 서류들을 작성해야 한다. 이렇게 끊임없이 삶에서 글쓰기를 해야 한다.

어느 날 친구에게 연락이 왔다. 뮤지컬 안무가로 활동하는 친구다. 춤을 추는 이 친구가 프로그램 북에 자신의 글을 실어야 한다면서 봐달라고 했다. 친구는 자신이 쇼 기획을 하는데 발표를 할 문구들을 고쳐달라고 종종 연락을 한다. 심지어 이렇게 글쓰기와 전혀 관련이 없을 것 같은 분야에도 글쓰기는 필요하다.

영국의 비평가이자 사상가였던 존 러스킨은 이렇게 말했다.

"인생은 흘러가는 것이 아니라 채워지는 것이다. 우리는 하루하루를 보내는 것이 아니라 내가 가진 무엇으로 채워가는 것이다."

우리의 인생은 우리가 가진 무엇으로 하루하루를 채워가는 일이다. 흰 종이에 활자를 채워가듯이 말이다. 글을 쓰다 보면 우리의 인생이 정리가 된다. 글쓰기를 하다 보면 직관력이 생기고 자신감이 생긴다. 직관력은 다양한 생활환경에서 꼭 필요한 능력이다. 그리고 그 직관력은 사람들의 머릿속을 파고들어 그들이 원하는 것을 이해하는데 도움을 준다. 글쓰기를 통해 의사소통을 하는 능력은 있으면 좋은 능력이 아니라 없어서는 안 될 꼭 필요한 능력이다.

나는 어렸을 때 생각이 많은 아이였다. 어떤 선택을 해야 되면 항상 고민했다. 엄마한테 고민을 말했다. 엄마가 선택을 명확하게 해주길 바랐다. 하지만 엄마는 항상 '기도해.'라는 말 밖에 해주질 않았다. 무책임한 말로 들렸다. 하지만 지금 생각해보면 그 말로 인해서 내가 더 주체적으로 살아오지 않았나 싶다. 내 인생을 살기 위해 혼자 선택하고 혼자 책임지는 힘을 기른 것이다.

그럴 때 나의 선택은 글쓰기였다. 두 가지의 상황 속에서 장점과 단점 등을 써놓고 비교하면서 결정을 내려갔다. 그러면 생각만 하고 있을 때보다 좀 더 명확하게 보였다. 그렇게 글쓰기가 습관화되니 어떤 위기가 와도 두렵지가 않았다. 글쓰기를 하면서 해결할 수 있으니까. 어쩌면 그런 면에서 글쓰기는 인생의 마법의 도구다.

누구에게나 필요한 글쓰기이긴 하지만 아무나 글쓰기를 하는 것은 아니다. 자신의 인생을 사랑하고 책임감 있는 인생을 살고자 하는 사람이 글쓰기를 할 수 있다. 그리고 실제로 자신이 생각하는 인생을 살게 된다. 환경이 변해서 자신이 바뀌는 게 아니라 자신이 변해서 환경이 바뀌는 삶을 살게 된다. 실제로 누구나 다 살고 싶은 삶이다.

저마다 다 과거 속에서 경험이라는 것을 하고 상처를 가지고 있고 아픔을 가지고 있다. 상처 없는 사람은 없다. 하지만 그 상처와 아픔의 모양과 크기는 사람마다 다르다. 재단할 수가 없다. 그 속에서 휘청거렸던 나의 마음을 다잡을 수 있었던 것은 바로 글쓰기를 꾸준히 했기 때문이다. 글을 쓰면서 현상을 올바르게 바라보게 되었고 감정이 정리가 됐다. 그렇게 나의 내면은 단단해져 갔다.

앞으로의 미래가 핑크빛만 있으면 더할 나위 없이 좋겠지만 우리는 앞으로도 많은 일들을 맞닥뜨리며 살게 될 것이다. 하지만 그 미래가 두렵지 않은 것은 그 순간에도 글을 쓰며 삶을 헤쳐나갈 내 모습이 그려져서일까?

　많은 사람이 글쓰기를 무기삼아 다가올 미래의 삶을 살았으면 한다. 우리가 현재 쓰는 글들이 미래로 연결이 되어 미래를 그려갈 수 있음은 물론이다. 나는 그런 의미에서 평생 글을 쓰는 삶을 살 것이다. 진정으로 내가 원하는 미래의 삶을 그려가기 위해.

　다시 한 번 말하지만 글쓰기가 필요하지 않은 인생은 없다. 써야만 해서 쓰는 글이 아니라 내가 쓰고 싶은 글을 쓰는 시간을 가지면 어떨까 하는 생각이 든다. 글을 쓰면서 사는 삶은 진정 멋진 삶이다. 글쓰기를 하면 제대로 된 나만의 인생을 누리게 된다. 글쓰기는 변하지 않는 나의 친구가 되어 인생 전체의 희로애락을 함께 하며 앞으로의 나의 성공을 지켜볼 것이다. 나는 그런 모두의 삶을 응원한다.

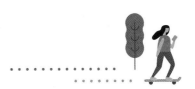